高等职业教育
"三教"改革实践研究

贾晓蕾　著

九 州 出 版 社
JIUZHOUPRESS

图书在版编目（CIP）数据

高等职业教育"三教"改革实践研究 ／ 贾晓蕾著
. -- 北京 ：九州出版社，2024.4
ISBN 978-7-5225-2896-0

Ⅰ．①高… Ⅱ．①贾… Ⅲ．①高等职业教育－教育改革－研究－中国 Ⅳ．①G719.21

中国国家版本馆CIP数据核字(2024)第093764号

高等职业教育"三教"改革实践研究

作　　者	贾晓蕾　著
责任编辑	李　荣
出版发行	九州出版社
地　　址	北京市西城区阜外大街甲 35 号（100037）
发行电话	（010）68992190/3/5/6
网　　址	www.jiuzhoupress.com
印　　刷	天津旭丰源印刷有限公司
开　　本	710 毫米 ×1000 毫米　16 开
印　　张	11.5
字　　数	200 千字
版　　次	2024 年 7 月第 1 版
印　　次	2024 年 7 月第 1 次印刷
书　　号	ISBN 978-7-5225-2896-0
定　　价	68.00 元

前言／PREFACE

高等职业教育是培养实用型、高素质专业人才的关键领域，在社会经济转型的时代背景下，对"三教"改革的迫切需求使得这一领域的教学模式、教育资源和师资队伍等方面面临着巨大的机遇与挑战。本书旨在通过深入研究高等职业教育"三教"改革的实践，探索其内涵、背景、目标，并通过具体案例分析、有效策略总结，为高等职业教育提供可持续发展的经验和建议。

高等职业教育在满足社会对专业实用型人才需求的同时，也面临着传统教学模式滞后、课程资源不足、师资队伍结构不合理等问题。在新时代背景下，如何更好地适应社会需求提升教育教学质量成为迫切需要解决的问题。因此，深入研究"三教"改革实践，总结有效经验，对于推动高等职业教育质量的提升具有重要意义。本书的目的是系统研究高等职业教育"三教"改革的实践，探讨课堂教法改革、课程教学资源建设、教师队伍建设以及教师教学比赛等关键议题，为高等职业教育提供可行性的改革路径。通过深入的实证研究，本书旨在为高职院校的实际教学提供具体、可操作的改革建议，促进高等职业教育向更高水平迈进。本书将围绕"三教"改革的内涵、背景、具体内容和实践意义展开，通过对相关案例的深入分析，结合实地调查和专业文献研究，以定性和定量相结合的方法，全面系统地揭示高等职业教育"三教"改革的实践状况和问题，提供切实可行的改革策略。

在全球化和信息化的今天，高等职业教育的改革刻不容缓。本书力图通过对实际案例和有效策略的深入剖析，为高等职业教育的"三教"改革提供具有实践性和可操作性的经验和建议，以推动高等职业教育向更高水平、更适应时代需求的方向迈进。

2023.12

目录／CONTENTS

第一章 导 论

第一节 研究背景与动机

一、教育体系演进与高等职业教育的崛起

（一）教育体系的演进

随着社会经济的迅速发展和技术的不断创新，传统的教育体系逐渐显露出与时代需求不匹配的问题。长期以来，重视理论知识传授的传统教育模式在适应社会多元化的需求上显得相对滞后。这一体系主要强调学科知识的灌输，而实际应用技能和职业素养的培养相对较为薄弱。

在这一背景下，高等职业教育崭露头角，成为备受瞩目的新兴教育领域。相较于传统教育，高等职业教育以其注重实用性、职业性和就业导向而备受瞩目。高等职业教育突破了传统教育的束缚，通过强调实际操作技能、职业素养的培养，更好地适应了现代产业对专业人才的需求。

高等职业教育的兴起不仅意味着对知识传授模式的改变，更体现了教育体系的演进。它更加强调学生的实际动手能力和实践经验的积累，使学生在校园中获得的不仅仅是抽象的理论知识，更是切实可行的职业技能。这一教育模式通过培养适应现代产业要求的专业人才，为社会提供了更加灵活、适应性强的人才队伍。

因此，高等职业教育的崛起标志着教育体系的积极演进，更好地满足了社会对多层次、多领域人才的需求。这种演进不仅关乎教育理念的变革，更关系到整个社会对人才培养模式的认知升级，推动了教育体系朝着更加灵活、务实和创新的方向发展。

（二）高等职业教育的崛起

作为教育改革的重要方向高等职业教育逐渐崛起，成为全球化和信息化潮流中备受关注的焦点。其崛起不仅体现了教育体系的变革，也反映了社会对更加实用性和职业导向性教育的迫切需求。

在全球化和信息化的时代浪潮中，高职教育的发展呈现出多样化的趋势。相对于传统的理论知识传授，高等职业教育强调实用性、职业性和就业导向，更注重培养学生实践操作技能、创新能力以及团队协作精神。这种职业导向性使得高职教育在培养实用型、适应社会需求的专业人才方面具有独特的优势。然而，高职教育在不断崛起的过程中也面临一系列的挑战。其中，教学模式的创新和课程体系的优化成为亟待解决的问题。教育机构需要不断调整和改进教学方法，使其更符合当今社会对人才的要求。同时，优化课程体系，使之更加贴近产业需求，也是高职教育发展中的重要任务。

因此，深入研究高等职业教育的崛起及其面临的挑战，探讨如何更好地适应社会变革，是当前教育领域亟须关注的议题。这不仅关系到高职教育自身的发展，更涉及整个教育体系对未来人才培养模式的调整和创新。

二、社会需求与"三教"改革的紧迫性

（一）多元化的社会需求

社会的不断发展使得对高职毕业生的需求变得更加多元化。传统的专业知识已经不能完全满足社会的复杂需求，企业和社会对学生的期望也随之发生了变化。如今，不仅强调专业知识，更加注重高职毕业生具备实际操作技能、创新能力以及团队协作精神等全面素质。

在过去，企业可能更关注毕业生是否掌握了特定专业领域的理论知识，但如今，实际操作技能成为就业市场上的一项重要竞争力。企业更加关注毕业生是否能够将所学知识应用到实际工作中，是否具备解决实际问题的能力。创新能力也被认为是高职毕业生应具备的素质之一，因为社会在不断发展，需要有创新意识的人才推动社会的进步。

此外，团队协作精神的重要性也日益凸显。在现代职场中，很少有工作是独立完成的，团队协作已经成为事业成功的关键因素之一。因此，高职毕业生需要培养团队协作的能力，能够有效地与他人合作，共同完成复杂任务。

（二）"三教"改革的紧迫性

高职教育面临着来自社会需求日益多元化的挑战，因此迫切需要进行"三教"改革，即培养、引进、激励、评价等方面的教育教学改革。这一紧迫性的根本原因在于高职教育体系需要更好地适应社会的实际需求，更贴近职业发展的实际情况。传统的教育模式已经逐渐显露出对社会多元化需求适应不足的问题，因此，"三教"改革成为推动高职教育更好适应社会变革的当务之急。

社会的不断发展和变革要求高职教育体系更加灵活、更加创新。传统的教学方式难以满足学生在实际职业中所需的多元化能力。雇主和社会更加期待高职毕业生具备实际操作技能、创新能力以及团队协作精神。这就需要通过"三教"改革，全面提升高职教育的教学质量，以更好地培养学生的实际应用能力和适应力。

因此，紧迫性源于高职教育要在不断变化的社会环境中更灵活地满足多元化的社会需求。通过"三教"改革，高职教育可以更好地引领学生适应职业发展的要求，提高他们在职业领域的竞争力，为社会培养更加符合现代产业发展需要的专业人才。这种改革势在必行，以确保高职教育体系始终保持与时俱进，为学生成为未来职场的精英奠定坚实基础。

三、研究的专业性与学术价值

本书聚焦于教育体系演变和高等职业教育的发展，通过深入研究传统教育体系的演变，为高职教育的崛起提供历史和理论支持。首先，通过对教育体系演变的深入剖析，揭示了传统教育模式的滞后和不适应社会发展的局限性。这不仅有助于理解高职教育作为一种新兴教育领域的兴起，还为深刻认识传统教育的不足提供了理论基础。

其次，关注社会需求与"三教"改革的关系，本书有助于揭示高职教育体系适应性不足的问题，并提供实质性的建议和解决途径。社会对多元化能力的需求日益增长，而传统教育体系的滞后使得高职教育面临挑战。通过对"三教"改革的深入研究，我们可以更好地理解改革对提升职业教育育人质量的潜在影响，为未来高职教育的发展提供具体的改革方向。

因此，本书的专业性和学术价值在于揭示问题、提供解决途径，为高职教育的可持续发展和适应社会需求的提升提供学术支持。

第二节 研究目的与意义

一、确定研究目标

（一）全面了解"三教"改革实践状况

高等职业教育"三教"改革的实践状况是本书的首要目标。首先，我们将通过广泛的实地调查，深入高职院校，直接观察和记录"三教"改革的具体实践。这包括对课堂教法改革、课程教学资源建设、教师队伍建设以及教师教学比赛等关键议题的现场观察。通过真实的教学现场信息，我们能够捕捉到改革的细节、特点以及实际运作中的挑战。其次，通过深度访谈，我们将与高职教育从业者、管理者以及学生进行深入交流。这种方法有助于获取各方面的经验和观点，进一步理解"三教"改革对不同参与者的影响。从实际参与者的角度出发，我们能够更全面地把握改革的实际效果和可能存在的问题。最后，通过文献综述，我们将系统收集和分析已有的相关研究成果和理论框架。这有助于我们在理论层面上更好地理解"三教"改革的发展趋势，将实践与理论相结合，为研究提供更深层次的支持。

通过这些手段，我们将全面了解高等职业教育"三教"改革的实际情况，深刻认识其在不同层面的展现，为后续研究提供坚实的实证基础。

（二）寻找解决关键议题的可行路径

在全面了解"三教"改革实践状况的基础上，我们研究的第二目标是寻找解决关键议题的可行路径。首先，我们将重点关注课堂教法改革、课程教学资源建设、教师队伍建设以及教师教学比赛等方面存在的问题和瓶颈。通过比较分析实地调查和深度访谈的数据，我们能够明确这些议题的核心挑战。其次，通过比较分析法的运用，我们将深入研究不同高职院校之间存在的差异与共性，找出成功经验和可借鉴之处。这种横向比较的方法有助于我们发现一些可能被忽视的解决问题的有效途径。最后，通过对文献综述的深入分析，我们将挖掘已有研究中提出的解决方案，并结合实地调查和深度访谈的数据，提出切实可行的建议。这有助于推动"三教"改革朝着更加成熟和可持续的方向发展。

二、探讨改革对职业教育育人质量的提升

（一）深入分析改革对育人质量的影响

高等职业教育"三教"改革对职业教育育人质量的影响是本研究的关键议题。首先，通过实际案例和有效策略的深入分析，我们将剖析改革在课堂教法改革、课程教学资源建设、教师队伍建设以及教师教学比赛等方面的具体实践。这有助于揭示改革在不同层面对育人质量产生的积极影响，如何有效提升学生的实用能力和职业素养。其次，我们将通过实地调查、深度访谈等方法，从教师、学生和管理者的角度收集数据，全面了解改革在实际操作中对育人质量的反馈。这种多元数据源的综合分析将有助于我们全面了解改革对育人质量的具体表现和潜在问题。最后，我们将结合文献综述的理论框架，深入挖掘"三教"改革在国内外的研究成果，理论上支持分析改革对育人质量的影响机制。通过这一层面的分析，我们能够更好地理解改革对育人质量的深层次影响。

（二）确定提升学生实用能力的途径

在深入分析改革对职业教育育人质量的影响的基础上，研究将进一步明确提升学生实用能力的关键途径。首先，我们将聚焦于解决在"三教"改革过程中可能出现的问题，例如课程设置、教学方法、评价体系等方面存在的瓶颈。通过明确这些关键问题，我们能够为高职院校提供改进的具体方案。其次，通过比较分析法，我们将梳理不同高职院校在提升学生实用能力方面的成功经验，寻找可借鉴的最佳实践。这有助于建立一套通用的提升学生实用能力的途径，为高职院校提供可操作性的指导。最后，结合深度访谈和实地调查的数据，我们将提出切实可行的改革路径，旨在帮助高职院校更好地培养学生的实用能力，提升其职业素养。通过这一系列的研究方法，我们将为高职教育找到实际有效地提升学生实用能力的路径，推动"三教"改革取得更为显著的育人成效。

三、为高职教育的可持续发展提供经验和建议

（一）提炼实践性的经验

通过深入分析"三教"改革的实际案例，我们将系统提炼实践性的经验，这些经验是高职院校在改革过程中取得成功的关键。首先，我们将关注课堂教法改革的成功经验，探讨哪些教学方法和策略在实践中取得了良好的效果。其次，我们将聚焦于课程教学资源建设方面，总结那些有效推动学科建设和课程质量提升

的具体做法。在教师队伍建设方面，我们将挖掘成功的经验，包括教师培训、专业发展等方面的创新举措。最后，通过分析教师教学比赛的案例，我们将总结教育教学竞赛对于激励教师、提升教学水平的有效经验。

这一过程将帮助我们系统理解"三教"改革的具体落实情况，从中提炼出可供其他高职院校参考借鉴的实践性经验。

（二）制定切实可行的建议

基于对实践性经验的深入理解，我们将制定切实可行的建议，旨在推动高职教育更好地适应社会发展的需要。首先，我们将提出针对课堂教法改革的建议，包括引入新的教学技术、激发学生学习兴趣的方法等。其次，对于课程教学资源建设，我们将提供实际的设计方案，以确保课程内容贴近实际需求。在教师队伍建设方面，我们将提出创新的培训机制和激励机制，以吸引更多高水平的教育从业者。最后，对于教师教学比赛，我们将提供建议，包括比赛组织、评价标准等方面的实用性建议。

这些建议将是基于实际经验的切实可行的改革方案，为高职院校提供指导，使其更好地迈向可持续的发展。通过将这些建议纳入高职教育的管理和实践中，我们有望推动"三教"改革取得更为明显的成果，助力高等职业教育更好地服务社会、满足产业需求。

第三节　研究范围与方法

一、研究范围

研究的核心焦点在于高等职业教育"三教"改革的主要议题，涵盖课堂教法、课程教学资源、教师队伍建设以及教师教学比赛等多个方面，构成了高职教育体系中关键的改革内容。

第一，课堂教法改革作为"三教"改革的重要组成部分，需要对传统的教学模式进行重新审视和调整，以适应时代的发展和学生的需求。这方面的研究涉及教学方法的创新、教学技术的应用以及课堂互动方式的改进，旨在提高教学质量和学生的学习积极性。

第二，课程教学资源建设是改革中的另一个关键议题。随着社会的变革和科技的发展，教育资源的构建和优化成为关键任务，以确保学生能够获得最新的、实用的知识。这方面的研究涉及课程设置的更新与调整、教材资源的开发与利用、实践基地的建设与利用等，旨在提升课程质量和教学效果。

第三，教师队伍建设作为改革的基石，需要关注教师的角色转变、培训需求、数字素养等方面。这方面的研究涉及教师培训体系的建设、教师职业发展机制的完善、教师评价体系的建立等，旨在提高教师教育水平和教学质量。

第四，教师教学比赛作为一种促进教学水平提升的手段，也是"三教"改革中需要深入研究的议题。通过深入研究这些核心议题，我们旨在全面了解高等职业教育"三教"改革的实际情况，揭示其成果和面临的挑战，为推动高职教育质量提升提供理论和实践支持。这一研究的组织架构如图 1-1 所示，将在不同章节中对各个议题进行深入探讨，以全面呈现高职教育"三教"改革的现状与发展趋势。

高等职业教育"三教"改革实践研究

前言

第一节 研究背景与动机
第二节 研究目的与意义　　第一章 导论
第三节 研究范围与方法

第二章 高等职业教育"三教"改革概述
　　第一节 内涵与背景
　　第二节 具体内容与实践意义
　　第三节 目标与重点

第一节 传统教学模式问题
第二节 教育数字化与创新　　第三章 教法改革在"三教"改革中的作用
第三节 教法改革案例分析

第四章 教学资源建设与"三教"改革
　　第一节 教材开发与优化
　　第二节 在线课程资源开发与应用
　　第三节 教学资源库构建与管理
　　第四节 教学资源案例分析

第一节 教师角色转变与培训需求
第二节 教师数字素养与能力提升　　第五章 教师队伍建设与"三教"改革
第三节 教师团队建设与创新案例分析

第六章 "三教"改革与教学能力比赛机制
　　第一节 意义与价值
　　第二节 组织与实施
　　第三节 成效评估
　　第四节 案例分析

第一节 课程开发与资源建设
第二节 教学能力提升与师资团队建设
第三节 教法改革与教学模式创新　　第七章 职业教育国际化与"三教"改革
第四节 实践案例分析

第八章 教育质量评估与提升
　　第一节 重要性
　　第二节 方法与指标体系
　　第三节 提升策略与实践
　　第四节 质量评估体系案例分析

参考文献

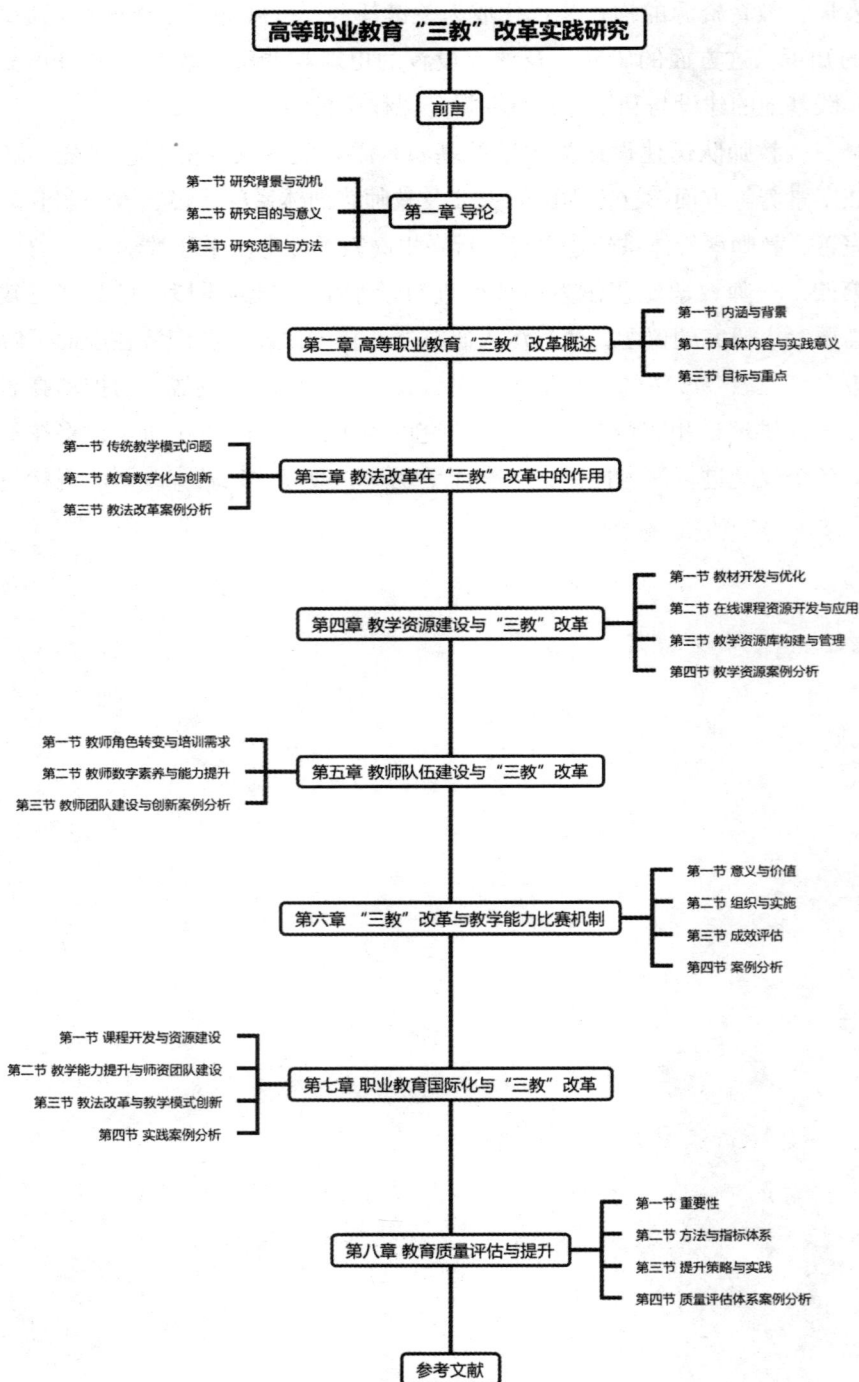

图 1-1　本书的组织架构图

二、采用多元研究方法

（一）实地调查

通过实地调查，我们将深入高职院校，致力于直接观察和深入了解"三教"改革的具体实践。这一研究方法旨在以第一手资料为依据，全面感知改革在教学现场的真实呈现。在实地调查中，我们将聚焦于高职院校的教学环境、师生互动、课程设置以及教学方法的变革等方面，以捕捉改革的具体细节和特点。通过与教育从业者、管理者和学生进行面对面的交流，我们能够更好地理解改革实施过程中所面临的挑战，感知教学现场的氛围和互动，以及评估改革的实际效果。实地调查不仅有助于获取真实可靠的数据，而且能够提供深刻的定性分析，使我们更深入地理解高职院校在"三教"改革中的具体实践，为后续研究提供充实的实证基础。

（二）深度访谈

借助深度访谈方法，我们将与高职教育的从业者、管理者以及学生展开深入的交流与沟通。通过与这些关键参与者的亲身经历和观点的深刻剖析，我们有望更全面地理解"三教"改革对高职教育的影响和意义。在深度访谈中，我们将聚焦于了解教育从业者在改革过程中的实际操作、管理者对于改革决策的考量，以及学生对于新教学模式的感受和看法。通过与他们进行直接而深入的交流，我们能够获取到更为贴近实际的经验分享，揭示"三教"改革在不同层面上的影响和成效。这种贴近实际的方法不仅有助于捕捉各方在改革中的真实感受，而且为我们提供了深刻洞察，使研究结果更具真实性和实用性。深度访谈成为研究的重要一环，为我们提供了更为立体、丰富的信息，有助于全面理解高职教育"三教"改革的实际运行状况。

（三）文献综述

文献综述是我们研究中不可或缺的一环，通过对已有相关研究成果和理论框架的收集和分析，我们能够更好地把握"三教"改革在理论和实践层面的发展趋势。在过去的研究中，一些学者已经对高等职业教育的"三教"改革提出了一系列有益的观点和建议。他们关注于课堂教法改革、课程教学资源建设、教师队伍建设等关键议题，深入剖析了改革的动因、实施过程和取得的成果。通过综合这些研究，我们可以发现"三教"改革在不同领域的具体举措，以及在促进高职教育发展方面所取得的经验和成就。

文献综述也有助于我们审视先前研究中的争议和不足之处，为我们的研究提供借鉴和改进的方向。通过对国内外相关文献的全面梳理，我们能够更全面地把握"三教"改革的理论基础，同时对实际操作中的挑战和解决方案有更深层次的认识。这样的文献综述将为我们提供一个坚实的理论基础，使我们的研究更具深度和广度，为高等职业教育"三教"改革提供更有针对性的建议和探讨。

三、比较分析法的运用

（一）横向比较

横向比较是我们研究中的一个重要方法，通过对不同高职院校的"三教"改革实践进行比较，我们可以深入了解改革在不同环境和条件下的具体表现。这种方法有助于我们发现各学校之间的异同点，找出成功的范例和值得借鉴的经验。

在进行横向比较时，我们将关注诸如课堂教法改革、课程教学资源建设、教师队伍建设等关键议题。我们将深入挖掘各学校在这些方面的改革举措，了解其背后的动因和实施策略。通过比较各学校的改革成果，我们可以找到在特定条件下取得成功的经验，这有助于为其他高职院校提供有针对性的借鉴和参考。

横向比较还有助于我们全面认识"三教"改革的普适性和特殊性。不同地区、不同类型的高职院校在面对"三教"改革时可能会有不同的应对方式和实施效果，通过比较这些差异，我们能够更好地理解改革的全局格局，并为未来的研究和实践提供更为全面的参考依据。这样的横向比较方法将有助于我们更好地推动高等职业教育"三教"改革的深入发展。

（二）纵向比较

纵向比较是我们研究的另一关键方法，通过追踪某一高职院校在不同时期的"三教"改革进展，我们可以深入了解改革在长时间尺度上的演变过程，揭示其发展轨迹和成效。这种方法有助于我们全面把握改革的长期影响和持续发展趋势。

在进行纵向比较时，我们将关注某一高职院校的"三教"改革历程，考察改革的起始阶段、中期发展和最新成果。我们将分析改革的动因，探究在不同时期制定的策略和实施方案，并关注其取得的实质性成效。通过追踪这一高职院校的改革历程，我们能够更全面地理解改革在实践中的表现，并识别出长期推动改革成功的关键因素。

纵向比较也有助于我们理解高职院校在适应社会需求、提升教育质量方面的变化过程。随着时代的发展和社会的变革，高职院校可能会不断调整改革方向，加强某些方面的投入，优化教学资源配置，以适应新的教育理念和职业培养需求。通过深入研究某一高职院校的纵向发展，我们可以更好地理解"三教"改革在长期演进中的实际效果，为其他高职院校提供经验借鉴和未来发展方向的指导。

第二章 高等职业教育"三教"改革概述

第一节 "三教"改革的内涵与背景

一、"三教"改革的概念与内涵

(一)"三教"理念概念界定

"三教"理念源于吕传汉教授对于教育创新的探索与实践,旨在构建一种基于创新型人才培养的教育理念,以激发学生的思维能力、体验能力和表达能力,从而推动学生在学习过程中不仅仅是"长知识",更是"悟道理"。这一理念将教育视作一种引导和启发,而非简单的灌输,注重培养学生的综合素养和创新能力。其精神内涵具体如下表所示:

表 2-1 "三教"精神内涵

"三教"理念	引导方向	培育目标	所处地位	实施要点	具体措施
教思考	引导学生"想"	培养学生思辨能力	核心	聚焦核心问题思考	(1)理清逻辑,重视问题意识培养;(2)理解过程中传递比较、分析、归纳、演绎等思考方法;(3)从实践反思中探究辩证的思考方法。
教体验	引导学生"做"	增进学生学科感悟	目的	重视学习体验撰写	(1)引导学生关注知识内涵与逻辑间的关系,重视激发学生学习兴趣;(2)引导学生在实践反思中体验有关思想方法;(3)引导学生在自主学习、合作探究中获得新的体验。

"三教"理念	引导方向	培育目标	所处地位	实施要点	具体措施
教表达	引导学生"说"	强化学生交际能力	切入点	拓宽交流表达形态	（1）引导学生在实践反思中表达自己的思考内容；（2）引导学生在交流讨论中提升口头表达能力；（3）鼓励学生撰写"学习日记"等，提高学生书面表达能力。

（二）"三教"

"三教"是指"教思考""教体验""教表达"。现代对于"思考"一词的释义大体为进行比较深刻、周到的分析、综合、推理、判断等思维活动。"体验"一词在《朱子语类》卷九中体现为"讲论自是讲论，须是将来自体验"，其意为亲身经历或者实地领会，而体验在教学中亦发挥着重要作用。

杨莹莹（2021）认为对于学生而言，体验更能够让学生全身心地参与到教学活动中去，能够在获得知识的基础之上转化为学生的素养，从而进行更深的意义建构。[①]"表达"是指将自己通过思考辨析所得的成果用语言、肢体行为或者书写等方式表现出来，在学习中表达的目的主要是与其他人进行交流和分享。

蒋玉华（2020）提出课堂教学中教师在倾听学生的话语时，需要进行主动思考，探索学生的想法从哪里来、学生意见是否合乎逻辑等问题，这样教师才能全面准确地理解学生的想法，真正抓住学生表达的核心内容，从而进行合理回应。[②]"三教"就是要教会学生进行思考、体验和表达。

（三）"三教"理念

"三教"理念（"教思考""教表达""教体验"）是基于创新型人才培养，在教学中教学生积极思考、自主体验、善于表达，培育学生核心素养。"三教"理念主要体现在以下三个方面：第一，"教思考"。教思考即要理清知识的逻辑脉络，重视培养学生的问题意识，在理解知识的过程中传递一些思想方法，从实践、实验等的反思中探究辩证的思想方法；第二，"教体验"。教育体验即在学习过程中引导学生在自主学习、合作探究等活动中获得学科体验，同时为学生创设学习情境，创造体验平台；第三，"教表达"。教体验即通过师生互动、生生互动、合作学习等提升学生的表达能力。

---

① 杨莹莹.教师教学思维的本质、立场与超越[J].教育研究与实验.2021（01）：55-62.
② 蒋玉华.论课堂教学中教师倾听的缺失与回归[J].教育理论与实践.2020（02）：49-52.

张晓斌，付大平（2017）提到在数学教学中，"教体验"的本质就是要让学生用数学眼光去观察和想象，注重对学生抽象和直观想象的培养；"教思考"的本质就是培养学生的数学思维，让学生会用数学思维去看待问题，培养学生的逻辑能力和运算能力；"教表达"的本质就是让学生学会数学语言，用数学语言来阐述问题和现实世界，主要注重培养学生分析数据的能力。[①] 因此，"教思考""教体验""教表达"三者为相互促进、相辅相成、相互依存不可分割的整体。"三教"理念对于核心素养的培养具有重要价值。

何潇（2019）阐述了在"三教"理念下如何更好地实施数学教学，帮助学生形成数学思维力、加强学生数学领悟力、强化学生数学交流力，最终使学生具备良好的数学核心素养。[②]

唐海军，严虹，任旭（2021）提出"教思考、教体验、教表达"（简称"三教"）在数学课程教学中落实学生核心素养的重要性，并且认为此理念在课程中的应用满足了 21 世纪对技能人才的需求[③]。

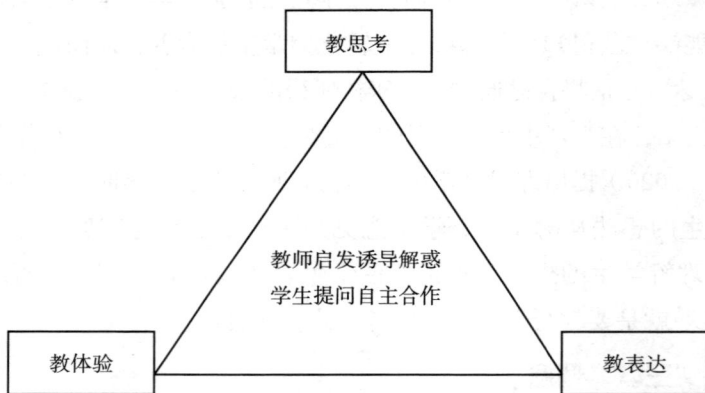

图 2-1 "三教"理念结构图

（四）"三教"改革的内涵

1. 强化职业教育类型特征

"三教"改革的核心旨在强化职业教育的类型特征，以满足现代社会对于实用技能和一线实践能力的需求。职业教育的本质在于为学生提供与职业岗位直接相关的技能和知识，使其能够顺利地融入和适应工作环境，并为社会经济发展做

---

① 张晓斌，付大平.落实"三教"理念，培育数学核心素养 [J].中小学教师培训.2017（08）：54-57.
② 何潇.数学教学中"教思考 教体验 教表达"的认识与思考 [J].陕西教育（高教）.2019（12）：24-25.
③ 唐海军，严虹，任旭.数学合作问题解决视野下的"三教"探析 [J].数学教育学报.2021（05）：72-79.

出积极贡献。在这一背景下，教师、教材、教法三个方面的改革成为"三教"改革的重要举措，旨在促进职业教育更好地服务于产业发展和社会需求，为学生的职业发展奠定坚实基础。

在教师方面，"三教"改革要求建立起适应职业教育特点的师资队伍，即"双师型"教师队伍。这种教师不仅具备扎实的学科知识和教学技能，更重要的是具备丰富的行业实践经验和工作能力，能够为学生提供真实的职业体验和案例分析，从而增强他们的实践能力和解决问题的能力。此外，还需要建立高水平的结构化教学创新团队，通过团队合作和教学研究，不断提升教师的教学水平和教学质量。

在教材方面，"三教"改革强调优化教材内容，使其更符合职业教育的要求。这包括校企合作制定教材标准、开发职业教育类型教材及课程资源，以及及时动态更新教材内容等。通过与企业和行业密切合作，职业教育可以更好地了解行业的发展趋势和技术需求，及时更新教材内容，确保学生所学知识与实际工作需求相匹配。

在教法方面，"三教"改革鼓励教学过程更加注重实践性、开放性和职业性。这意味着教学活动应该更多地围绕实际工作场景展开，采用案例教学、项目驱动等实践性教学方法，鼓励学生参与真实的职业项目和实习活动，培养其实际操作能力和解决问题的能力。同时，也需要充分利用现代信息技术手段，如大数据、人工智能等，在教学中加强对学生的个性化指导和跟踪，提高教学的针对性和灵活性。

2.服务于课堂教学的提升

"三教"改革致力于提升课堂教学水平，将学生置于更具启发性和参与性的学习环境中，以实现教学效果的提升和学生学习体验的优化。在这一过程中，改革主要集中在教学方式、课程设计和学习方式等方面，以重塑课堂关系、学习方式，促进教与学之间的良性互动。

传统的教学方式往往以教师为中心，注重知识的灌输和传授，学生扮演被动接受者的角色。而在"三教"改革中，教学方式更加注重学生的主体地位，采用以学生为中心的教学模式。教师以引导者和指导者的角色出现，鼓励学生积极参与课堂讨论、问题解决等活动，激发学生的思维和创造力，提高学习的主动性和积极性。

传统的课程设计往往过于注重知识的传授和量化的评价，忽视了学生的兴趣和实际需求。在"三教"改革中,课程设计更加注重贴近学生的实际情境和生活经验,注重培养学生的实践能力和创新能力。课程设置更加灵活多样,注重跨学科的整合和交叉融合,为学生提供更广阔的学习空间和发展平台。

传统的学习方式往往以课堂学习为主,学生的学习活动受限于时间和空间的限制。在"三教"改革中,学习方式更加注重多元化和个性化。学生除了课堂学习外,还可以通过网络学习、实践实习、项目合作等方式进行学习,拓展学习的广度和深度。同时,注重个性化学习,尊重学生的学习需求和兴趣,通过差异化的教学方式和资源支持,满足不同学生的学习需求,提高学习效果和学习体验。

二、"三教"改革的背景与动因

现代社会对高等职业教育的新需求和新挑战主要表现在以下几个方面:

(一)经济结构和产业发展的变化

1.经济全球化带来的挑战与机遇

(1)挑战与竞争压力

经济全球化使得市场竞争更加激烈,传统产业面临来自全球范围内同行业的竞争,这对企业提出了更高的要求,需要不断提高产品品质和技术水平以在竞争中立于不败之地。

(2)技术更新与升级

随着国际市场的开放和信息技术的发展,企业需要不断引进和应用先进技术,提高生产效率和产品质量。这也意味着企业对人才的需求更加趋向于具备实践能力和创新精神的高素质人才。

(3)机遇与市场拓展

经济全球化为企业提供了更广阔的市场空间和合作机会。高等职业教育可以通过培养具备国际视野和跨文化沟通能力的人才,为企业的国际化发展提供支持和保障。

2.科技进步对产业结构的影响

(1)新兴产业崛起

随着科技的进步,新兴产业如人工智能、云计算、生物技术等不断涌现,成为推动经济增长和结构调整的重要力量。高等职业教育需要及时调整专业设置和课程内容,培养适应新兴产业发展需求的人才。

（2）传统产业升级

科技进步也促使传统产业进行升级和转型。传统制造业正在向智能制造、绿色制造等方向转变，这对从业人员的技能水平和素质提出了更高要求，需要高等职业教育与产业需求保持同步，为传统产业的转型提供人才支持。

（3）技术应用与创新能力

科技进步不仅要求人才掌握先进的技术知识，更需要具备创新能力和解决问题的能力。高等职业教育应注重培养学生的创新思维和实践能力，使其能够在科技进步中不断创新，推动产业发展。

（二）多元化人才的需求增加

1.综合素质的重要性

传统的教育模式主要注重学生的专业技能培养，但现代社会的发展对人才的需求已经发生了变化。

（1）需求趋势

现代社会对人才的需求不再局限于单一的专业技能，而是更加注重学生的综合素质和能力。这包括但不限于创新能力、团队协作能力、跨学科思维能力等。

（2）重要性解析

在多元化的工作环境中，综合素质的重要性日益凸显。具备丰富综合素质的人才更容易适应和胜任各种工作岗位，具有更强的竞争力和发展潜力。

2.创新能力的培养

创新已经成为推动产业发展和社会进步的重要动力。具备创新能力的人才能够不断提出新的思路和解决方案，为企业和社会带来更多的机遇和发展空间。

（1）培养方法

高等职业教育需要通过创新教育方法和课程设置，培养学生的创新意识和创新能力。这包括提供创新型实践项目、开展跨学科合作和研究等方式，激发学生的创新潜能和能动性。

（2）应对挑战

培养创新能力不仅是学校的责任，也需要社会和企业的支持和参与。建立产学研合作机制，提供实习实训和创新创业平台，为学生提供实践锻炼和创新实践的机会，是培养创新人才的重要途径。

（三）高等职业教育的质量和效益要求提高

1. 就业市场的竞争加剧

当今社会，随着经济的发展和社会结构的变革，就业市场日益呈现出激烈的竞争态势。各行各业都对求职者的要求不断提高，要求毕业生具备更多的实践经验和专业技能。

（1）提高就业竞争力的重要性

高等职业教育的使命之一是培养适应市场需求的高素质人才。在竞争激烈的就业市场中，毕业生需要具备更高的就业竞争力，才能在众多应聘者中脱颖而出，获得理想的工作岗位。

（2）提升教学质量的必要性

为了适应就业市场的变化和需求，高等职业教育需要不断提升教学质量。这包括更新教学内容、优化教学方法、加强实践环节等，以提高学生的综合素质和就业竞争力。

2. 国家对人才培养的重视

高等职业教育是国家人才培养体系的重要组成部分之一，国家对其的重视程度不断提高。政府出台了一系列支持高等职业教育发展的政策和措施，鼓励高校加强对学生的职业能力培养，提高教学水平和质量。

（1）投入增加的必要性

高等职业教育机构需要积极响应国家政策，加大对人才培养的投入。这包括增加教学设施的建设、提升师资队伍的素质、加强教学科研力量等方面的投入，以提高教学效益和质量。

（2）服务国家发展的使命

高等职业教育机构应当把服务国家发展作为自己的使命，充分发挥人才培养的作用，为国家经济和社会发展提供更多、更好的高素质人才支持。

（四）高等职业教育面临的挑战

1. 教学资源不足

（1）实验设备匮乏

高等职业教育需要大量的实验设备支持实践教学，但很多学校由于资金不足或管理不善，导致实验设备的更新和购置无法及时跟上，影响了实践教学的质量和效果。

（2）教学场地短缺

部分高等职业教育机构面临教学场地紧张的问题，导致教学活动难以顺利进行。特别是一些需要实地实习或实训的专业，对于实践场地的需求更为迫切，缺乏合适的场地会影响学生的实践能力培养。

（3）教学资源配置不均衡

有些地区的高等职业教育机构教学资源配置不均衡，导致一些学校在教学资源方面相对匮乏，学生的学习体验和教学质量无法得到有效保障。

2.师资队伍结构不合理

（1）专业人才匮乏

高等职业教育的师资队伍中，缺乏具备实践经验和行业背景的专业人才。这些专业人才对于教学内容的更新和实践教学的指导具有重要意义，但由于教师队伍结构不合理，教学质量受到了影响。

（2）学科交叉能力不足

一些教师缺乏跨学科的能力，难以将多个学科的知识有机结合起来进行教学。这导致了教学内容的单一化和学生综合素质的不足，难以满足多元化人才需求。

（3）教学团队建设不足

部分高校缺乏建设完善的教学团队，导致教学工作无法顺利展开。缺乏团队合作精神和协作机制，教学效果和教学质量无法得到有效提升。

3.教学方法滞后

（1）理论脱离实际

一些高等职业教育机构的教学方法滞后于时代发展和产业需求，过于注重理论知识的传授，而忽视了实践能力的培养。这导致了学生在实际工作中缺乏应对复杂问题的能力。

（2）缺乏创新性教学

高等职业教育缺乏创新性的教学方法，教学内容和教学方式单一，难以激发学生的学习兴趣和主动性。这限制了学生的发展空间和个人能力的提升。

（3）应用性不足

一些教学方法缺乏针对性和实用性，无法有效地将理论知识与实践技能相结合。这使得学生在毕业后面临实际工作时难以适应，影响了就业率和就业质量。

第二节 "三教"改革的具体内容与实践意义

一、"三教"改革的具体内容

（一）培养

1. 专业技能培养

专业技能培养是职业教育的核心任务之一，也是"三教"改革的重要内容之一。通过培养学生的实用技能和职业素养，职业教育旨在使学生能够胜任特定的职业岗位，并在现代职业市场中具备竞争力。

（1）行业需求与专业知识培养

在"三教"改革中，学校重点关注行业对于专业知识和实践技能的需求。这意味着课程设置和内容需要与行业标准和趋势保持一致。学校需要通过与相关行业企业合作，及时调整课程设置，确保学生所学内容符合行业要求。例如，在信息技术领域，学生需要掌握最新的编程语言、网络技术以及数据库管理等知识，以适应数字化时代的需求。

（2）全方位培养计划

为了确保学生能够全面掌握所需技能，职业教育机构应设计全方位的培养计划。这包括从基础知识到实践操作的全面覆盖。例如，在工程技术类专业中，学生除了需要理解理论知识外，还需要进行大量的实验和实际操作，以提升其技能水平和解决问题的能力。

（3）优化课程设置

"三教"改革要求学校优化课程设置，使之更加贴近实际职业需求。这可能涉及增加实践性课程、开设行业认证课程等。通过与企业合作，学校可以了解到最新的行业需求和趋势，并据此调整课程设置，确保学生能够获得最实用的技能和知识。

2. 创新意识培养

创新意识培养是"三教"改革中的重要内容之一。除了传授专业技能，学校还致力于培养学生的创新思维和解决问题的能力，以适应快速变化的现代社会和职业环境。

（1）开展创新创业教育课程

为了培养学生的创新意识，学校可以开展创新创业教育课程。这些课程旨在启发学生的创新思维，教授创新方法和创业技能。课程内容可以涵盖创意发散、问题解决、商业模式设计等方面，帮助学生掌握创新的基本原理和实践技巧。

（2）组织科技创新竞赛

为了激发学生的创新潜能，学校可以组织科技创新竞赛。这些竞赛可以是学校内部的比赛，也可以是参加外部竞赛。通过竞赛，学生有机会将所学知识应用到实际问题中，并与其他同学进行交流和比较，从而提升创新能力和解决问题的能力。

（3）搭建创业孵化平台

为了支持有创业意向的学生，学校可以搭建创业孵化平台。这些平台能提供创业指导、资源支持和项目培育等服务，帮助学生将创新想法转化为可行的商业项目。通过参与创业孵化，学生不仅可以培养创新精神，还可以学习团队合作、项目管理等实践能力。

（二）引进

1.教学理念引进

"三教"改革致力于引进国内外先进的教学理念，为职业教育注入新的活力和思维方式，以提升教育质量和培养学生的综合素养。

（1）国际交流与合作

学校通过积极开展国际交流与合作，与国外的教育机构建立合作关系，吸收国外先进的教育理念和经验。这种交流合作可以通过学术交流、教师培训、联合研究项目等方式展开，为学校带来新的教学理念和方法。

（2）引进先进教学方法

学校引进了一系列先进的教学方法，如问题驱动式学习、案例教学法、项目式教学等。这些方法强调学生的主动参与和实践操作，在培养学生的应用能力和解决问题能力方面具有显著优势。

（3）结合国内实践

引进的教学理念和方法需要结合国内的教育实践进行创新和完善。学校在引进先进理念的同时，也根据国内的教育需求和学生特点进行调整和优化，确保教学内容和方法更符合国内的实际情况。

2.技术手段引进

"三教"改革中，引进最新的教学技术手段是提升教学质量和效果的重要举措之一。学校通过引进虚拟现实技术、在线教育平台等，丰富教学内容，提高教学效果，满足学生个性化学习的需求。

（1）引进虚拟现实技术

学校引进虚拟现实技术，通过虚拟仿真技术模拟真实场景，为学生提供更加直观、生动的学习体验。这种技术手段可以应用于各个学科领域，包括工程、医学、艺术等，有效提高学生的学习兴趣和参与度。

（2）引进在线教育平台

学校引进在线教育平台，为学生提供灵活的学习方式和丰富的学习资源。通过在线教育平台，学生可以随时随地进行学习，根据个人的学习进度和需求自主安排学习时间，提高学习的效率和便利性。

二、"三教"改革的实践意义

（一）适应时代发展需求

"三教"改革的实施，使职业教育更加贴近时代发展的需求。随着经济结构和产业形态的变化，社会对于高素质、高技能人才的需求日益增加。通过培养学生的专业技能和创新意识，引进先进的教学理念和技术手段，"三教"改革使得职业教育能够更好地适应产业发展和科技进步的需要，为社会培养更多更优秀的人才。

1.职业教育与时代发展的紧密联系

随着时代的发展，经济结构和产业形态不断变化，对人才的需求也在不断演变。职业教育作为培养人才的重要途径，必须与时代的发展需求相适应，为社会培养符合时代需求的高素质人才。

2.职业教育的转型

传统的职业教育模式已经不能满足时代发展的需求，需要进行改革和转型。"三教"改革的实施，为职业教育的转型提供了契机。通过引进先进的教学理念和技术手段，培养学生的专业技能和创新意识，使得职业教育更加贴近时代的发展需求。

3.培养创新型人才

"三教"改革着重培养学生的创新意识和实践能力，使他们能够适应时代的发展需求。在教学过程中，通过优化培养方案、加强教学过程中学生的参与度和体验度，提升教学的针对性和实效性，为学生提供更好的学习环境和发展机会。

（二）提升教育教学质量

"三教" 改革的实施，有助于提升职业教育的教育教学质量。通过优化培养方案、引进先进教学理念和技术手段，加强教学过程中学生的参与度和体验度，提升教学的针对性和实效性。这不仅有助于提高学生的学习成果，还能够增强学生的创新能力和实践能力，为他们未来的职业发展奠定良好的基础。

1.优化培养方案

"三教" 改革促进了职业教育培养方案的优化。通过对课程设置和内容进行调整，使之更加符合时代发展的需求和学生的实际需要。这有助于提高教育教学的针对性和实效性。

2.引进先进教学理念和技术手段

改革实践中，引进了先进的教学理念和技术手段，如信息技术、互联网教育等。这些新技术的引入，提升了教学手段的多样性和灵活性，为教师提供了更丰富的教学资源和工具，有利于提升教育教学的质量。

3.提高学生参与度和体验度

改革实践中，注重提高学生的参与度和体验度。通过创设丰富多样的教学环境和教学活动，激发学生的学习兴趣和积极性，使其更加主动参与到教学过程中来，从而提升了教学效果和学习成果。

（三）推动产学研深度融合

"三教" 改革推动了职业教育与产业界和科研机构的深度融合。通过校企合作、产学研项目联合等方式，学校与企业和科研机构之间建立了更加紧密的合作关系，实现了资源共享、优势互补。这不仅促进了职业教育的实践性和针对性，还有利于学生更好地接轨产业，提高就业竞争力。

1.校企合作

"三教" 改革推动了职业院校与企业之间的校企合作。通过共建实训基地、开展校企联合项目等方式，促进了校企之间的密切合作，实现了教学资源和产业需求的有效对接，为学生提供了更好的实践机会和就业保障。

2.产学研项目联合

改革实践中，还积极推动了产学研项目的联合开展。通过与科研机构和企业合作，共同开展科研项目和技术创新活动，促进了产学研的深度融合，实现了教学、科研和产业之间的有机结合，为产业的发展提供了技术支持和人才支撑。

3.资源共享、优势互补

校企合作和产学研项目联合的开展，实现了资源共享和优势互补。学校可以借助企业和科研机构的资源和技术优势，为教学和科研提供更好的支持和保障；而企业和科研机构也可以通过与学校合作，获取人才和技术支持，促进产业的发展和创新能力的提升。

第三节 "三教"改革目标与重点

一、"三教"改革的目标

教师、教材、教法贯穿人才培养的全过程，与职业教育"谁来教""教什么"和"怎么教"这三大问题直接相关。"三教"改革以职教20条为指导思想，以"教师""教材""教法"为切入点，致力于职业教育的供给侧结构性改革，对促进职业教育的路径转变、建树职业教育的类型特征、凸显职业教育的专业特征、激活职业教育的资源禀赋、提升职业教育的质量具有重要意义。

（一）促进职业教育的路径转变

教师、教材、教法是职业教育人才培养中的核心要素，对学习者发挥直接作用。"三教"改革自下而上，推动职业教育发展路径发生转变。具体表现在：

1.从资源依赖型到创新驱动型

在过去，职业教育常常依赖于有限的资源，例如传统的教材和教学设施。然而，随着科技和经济的发展，这种依赖性已经不再适用。转向创新驱动型的职业教育意味着采用新兴技术和方法，以提高教学质量和学生就业竞争力。例如，引入虚拟现实技术和在线学习平台，使学生能够在更丰富的环境中学习，并培养创新精神和实践能力。此外，与产业界建立紧密联系，促进技术创新和实践项目，为学生提供更多实际经验和解决问题的机会，进一步推动职业教育向创新型发展。

2.从关注外延和规模到关注内涵和质量

以往，职业教育往往将发展重点放在学校规模和招生数量的扩大上，而忽视了教育内涵和质量的提升。然而，随着社会对人才素质的需求不断提高，单纯追求规模的扩大已经无法满足社会发展需求。因此，转向关注内涵和质量意味着重视课程设置、教学方法和评价体系的优化，以确保学生获得全面的知识和技能，并能够适应未来工作的需求。这可能涉及更新教材、提高教师培训水平，以及建立科学的评估机制，从而确保教育质量得到持续提升。

3. 从宏观改革到中微观改革

过去，职业教育改革往往是由政府或高层主管部门主导的宏观改革，缺乏对学校和学生的直接参与和反馈机制。然而，现在的转变是将改革焦点从宏观转向微观，更加重视学校和学生的实际需求和意见。这意味着建立更加灵活的管理体制，赋予学校更多自主权，让其根据实际情况进行调整和改进。同时，建立起多方参与的决策机制，包括学生、教师、行业代表等，确保政策的实施更加有效，并能够及时根据反馈进行调整和改进。

4. 从就业导向到促进就业和适应产业发展需求为导向

过去，职业教育的主要目标是提高学生的就业率，往往忽视了学生是否真正适应了产业的发展需求。然而，现在的转变是将重点放在促进就业的同时，更加重视学生的职业适应能力和行业需求的匹配度。这意味着不仅要关注学生的就业数量，更要关注其就业质量和职业发展空间。为此，需要加强对行业趋势和技术变革的跟踪，调整课程设置和教学方法，以培养学生适应产业发展的能力，并提高他们在职场中的竞争力和可持续发展能力。

（二）职业教育的类型特征

职教 20 条开篇即指出，"职业教育与普通教育是两种不同的教育类型，具有同等重要地位"。长期以来，职业教育由于办学定位不明确、管理模式不匹配，在学校治理、教学以及人才培养等方面难以形成成熟的、具有本类型教育特征的发展模式，而是更多地参照了普通教育的办学模式，普教化倾向严重。因此，职业教育必须在明确教育类型特征的基础上构建职业教育办学模式。

1. 专业建设与办学竞争力提升

在职业教育中，专业建设是关键的一环。为了提升职业院校的办学竞争力，必须着重进行专业建设，并确保与企业岗位需求相匹配。这意味着需要及时调整和优化专业设置，以适应社会经济升级带来的新工艺、新业态和新技术。职业教育的目标是培养实践型人才，而不仅仅是传授理论知识。因此，专业建设需要紧密关注企业的实际需求，以确保培养出来的人才能够迅速适应工作岗位，并为区域经济发展做出积极贡献。

2.动态的行动逻辑课程设计

职业教育的课程设置应该是动态的,与职业标准相匹配。传统的静态学科逻辑课程设置往往注重知识的传授,但缺乏与实际工作需求的紧密联系。相比之下,动态的行动逻辑课程设计更加注重学习者的实践能力和应用能力。这种课程设计强调通过行动过程来学习,激发学习者的感知觉和动觉系统,提高学习效率和实际应用能力。通过这种课程设计,学生不仅能够掌握理论知识,更能够在实践中运用所学知识解决实际问题,从而更好地适应职业发展需求。

3.行动逻辑教学模式的转变

教学过程的转变是职业教育改革的重要一环。传统的"先知后行"教学模式往往存在着知识和实践的时空分割性,导致学习效果不佳。相比之下,行动逻辑教学模式强调教学过程与工作过程的相统一。这种教学模式注重学生在实践中的学习,通过"先行后知"的方式,让学生在实践中积累经验和知识,并通过反思和总结不断提升自己的能力。这种教学模式不仅能够增强学生的学习兴趣和动力,更能够提高他们的实际应用能力和解决问题的能力。因此,将教学过程与工作过程相统一,是推动职业教育发展的重要路径之一。

(三)凸显职业教育的专业特征

职业院校办学的核心竞争力主要体现在专业建设上,如"双高"建设计划提出,集中建设一批具有中国特色高水平高职学校和高水平专业(群),被称为"职教界的双一流建设"。因此,职业教育要想站稳脚跟,须以专业建设为核心,凸显其专业特征。

1.专业即"教育性职业"的特征

专业在职业教育中不仅具有职业性,更具备教育性,因此被称为"教育性职业"。与普通职业不同,教育性职业天然承担人才培养的使命,需要以社会性职业为蓝本进行专业建设。这意味着要与现有岗位需求接轨,实时调整人才培养规格,避免资源的浪费。专业建设必须紧密结合社会的实际需求,确保培养出的学生能够胜任工作并为社会做出贡献。

2.专业范畴和专业内容的指向性特征

职业教育的专业建设应当与职业行动场或职业工作场紧密相关。这意味着在课程体系建设、教材编写、教师培养以及教学实施等方面,都要以行动为指导,确保学生在学习过程中能够掌握实际应用的技能和知识。专业内容也应该基于职业行动过程或职业工作过程,将职业要求传授给学生,使其具备实际工作所需的能力。

3.专业要求的规范性特征

职业教育的专业要求不仅仅是简单的知识点、技能点或素质点的罗列，而是根据职业行动或职业工作规范进行设定。专业内容源自职业行动场或工作场，并以职业规范为教学内容实施。这意味着学生在学习过程中需要了解并掌握行业内部的标准和规范，以确保其未来能够胜任工作。

4.专业指向的实践性特征

在职业教育中，专业指向的是工作对象而不是书本知识。学生在学习过程中应该能够完成阶段性的产品，最终形成完整的工作产品。这种实践性的学习过程能够让学生更好地理解职业工作的实际需求，培养他们的实践能力和解决问题的能力。

5.专业发展路径的导向性特征

专业发展路径应以职业行动和工作过程为导向。根据德雷福斯技能习得模型，学生需要经历由简单到复杂的学习性工作情境，逐步提升其技能水平。这种导向性的学习过程能够让学生在实践中不断成长，实现从简单到复杂、从自迁移到远迁移的进阶。

（四）激活职业教育的资源禀赋

1.拓宽招生渠道，促进社会人员继续教育

拓宽职业教育的招生渠道是激活资源禀赋的重要途径之一。除了适龄学习者外，还应着重关注退役军人、下岗工人、农民工等社会人员的培训需求。职教20条中已经提出支持退役军人接受教育培训，并鼓励设立退役军人教育培训集团，推动退役、培训、就业的有机衔接。这一举措既有利于满足社会人员自身发展和生产力提升的需求，也有利于促进社会和谐稳定和区域经济的发展。

2.转变教师招聘模式，增加企业高级人才参与

职业教育的教师队伍建设至关重要，而教师的来源和教学水平直接影响着教育质量和学生的培养效果。通过将教师录用重心从高校应届毕业生转向具有企业工作经验的人员，能够有效提高教师队伍的实践能力和行业适应能力。这样的改革举措有助于建立优秀的教师教学团队，推动校企合作，促进教学资源与企业需求的对接。

3.利用先进科技构建在线精品课程和专业教学资源库

随着科技的不断进步，基于教育技术的在线课程建设已成为现代职业教育的

重要手段。这种课程不受时空限制，能够随时随地进行学习，有利于满足学生的个性化学习需求。同时，着力建设专业教学资源库，充分利用企业等社会力量参与资源建设，创办产教融合型企业，共同打造高水平职业教育实训基地。政府部门也要深化"放管服"改革，为校企合作提供更加便利的环境和政策支持，实现校企合作的共赢局面。

（五）提升职业教育的质量信度

1.提升质量水平：从低阶质量向高阶质量发展

当前职业教育的质量评价存在着低阶性的问题，评价重点停留在记忆和理解等较低层次。然而，职业教育的本质是培养学以致用的人才，应该以应用为起点，逐渐提升至更高层次的评价标准。布鲁姆的认知领域目标分类标准提供了一个可行的评价框架，将人类认知水平分为六个层次，从记忆、理解、应用、分析、评价到创造。职业教育应该以培养学生的实际应用能力和创新能力为目标，评价体系也应该逐渐向高阶层次发展，使学生能够在真实工作场景中发挥更高水平的能力。

2.质量向度：从内适质量向外适质量过渡

职业教育质量评价表现为内向性的问题，主要体现在政府主导、学校为主的办学模式以及缺乏企业等社会力量的参与。应该促进职业教育的外部适应性，让企业等社会力量更多地参与到教育建设中，从而提高教育质量的外部适应性。同时，应当意识到产业格局的快速变革，使教育与产业更好地对接，确保学生所学内容与职业岗位需求的匹配程度，提高学生的就业能力和适应能力。

3.评价取向：从面向结果向面向过程转变

当前职业教育的质量评价观存在着面向结果的倾向，忽视了学生在学习过程中的成长和发展。应当从面向结果向面向过程转变，更加注重学生的学习过程和个体差异。加德纳的多元智力理论提供了一个多维度的评价框架，应该重视学生各方面智力的发展，并根据学生的个体差异进行差异化评价。这样的转变有助于更全面地了解学生的学习情况，及时发现和解决问题，推动学生的全面发展和个性化成长。

二、"三教"改革的重点

"三教"改革的重点在于优化教育教学过程，提高教学质量。具体而言，包括了观念层、目标层、行动层以及结果层。通过落实这些重点，可以促进高等职业教育的持续发展，更好地满足社会的需求。

（一）观念层

根据系统论的观点，任何一个系统都要与外界进行互动交换，系统内部各元素之间相互作用，维护系统的和谐稳定和发展。在现代职业教育系统中，系统内部（教育教学系统）与系统外部（社会职业系统）应充分进行信息交流与互动。在"三教"改革的系统内部，教师改革回答"谁来教"的问题，教材改革解决"教什么"的问题，教法改革解答的是"怎么教"的问题，三者各司其职，相辅相成，以行动为载体促进三项改革的协同进行，有利于形成师生专业发展的共生机制（图2-2）。

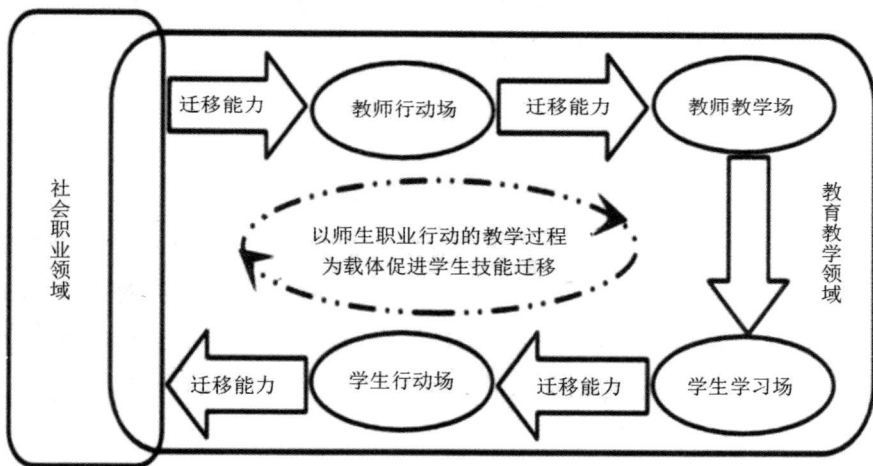

图2-2　师生专业发展的共生机制

1.解答"谁来教"的问题

在现代职业教育系统中，教师改革至关重要，因为他们是教育过程中的核心元素之一。教师的角色不仅仅是传授知识，更应该是引导学生学习、培养学生能力的引导者和激励者。通过"三教"改革，教师的角色得到重新定义，不再是简单的知识传授者，而是学生学习过程中的辅助者和咨询者。他们从社会职业中汲取原始课程资源，进行归纳和加工改造，设计多种学习情境，帮助学生完成各种学习任务。教师在这一过程中扮演的是辅助者的角色，突出学生的主体地位，促进学生的全面发展。

2.解决"教什么"的问题

教材在职业教育中具有重要作用，是教学的重要支撑和依托。在"三教"改革中，教材不再是简单的知识积累，而是更加注重与社会职业的结合，解决实际职业问题的工具。教材的改革需要从理论导向向行动导向转变，将学科逻辑课程转向行动逻辑课程，强调学生在实践中的能力培养和应用能力提升。这样的教材改革能够更好地满足职业教育的需求，使学生能够更好地适应职业发展的要求。

3. 解答"怎么教"的问题

教法是实现教育目标的手段和方法，对于教学质量的提升至关重要。在"三教"改革中，教法的改革主要是从传统的教学模式向行动导向的教学模式转变。教师通过与学生的互动，引导学生参与到实践中，培养学生的问题意识、学习习惯和策略方法。教师与学生的互动不仅是共时性的交流，更是行为层与心理层相统一的过程。这样的教学模式能够促进教师与学生的共同成长，形成良性的闭合循环系统，实现师生专业素质的螺旋式上升。

（二）目标层

"三教"改革的顺利进行不仅与教师、教材、教法直接相关，更与专业建设的合理性密切相连。职业教育与产业发展联系密切，专业建设是服务产业发展的逻辑起点，也是职业教育与区域产业对接的桥梁。因此，专业建设要实时关注产业发展动向，提高专业与产业的适应性。这种适应性是"建立在对等平行的存在形态与合作互动的发展态势的基础上的良性互动关系"[①]，以此才能促进职业教育与产业的健康发展。具体体现在以下维度：

1. 专业规模对接产业规模

专业建设必须考虑与产业规模的对接，以确保人才供给与产业需求的匹配。如果某个行业的产业规模较大，职业教育机构在相应领域的专业规模也应相应扩大，以满足人才需求。

2. 专业结构对接产业结构

专业结构应与产业结构相匹配，避免因专业结构失衡而导致人才供给过剩或匮乏的情况发生。合理的专业结构能够有效地满足各行业的人才需求，促进产业的健康发展。

3. 专业人才层次变迁对接技能人才层次结构

随着产业的发展，对人才的需求也在不断变化。专业建设必须及时调整，确保培养出符合产业需求的各层次人才，包括技术人才、管理人才等，以满足产业发展的不同需求。

① 汤书波，张媛媛.高职院校专业建设适应区域产业发展的路径与策略研究——以云南省为例 [J]. 中国职业技术教育，2019（2）：73-81.

4.专业经费投入对接国民生产总值

专业建设的经费投入应与国民生产总值相匹配，确保职业教育的投入与国家经济的发展相协调。适当增加专业建设的经费投入，能够提升职业教育的质量和水平，促进产业的持续发展。

5.专业师资投入对接产业劳动力数量

职业教育的师资队伍应当与产业劳动力数量相匹配，确保有足够的教师资源来培养适应产业发展需要的人才。加强教师队伍建设，提高教师的专业水平和教学能力，对产业发展至关重要。

6.实习实训基地建设对接人均劳动生产率

实习实训基地的建设应当与人均劳动生产率相适应，以确保学生能够获得实践经验和技能培训，提高其就业竞争力。如果实训基地建设不足以满足人均劳动生产率的需求，需要加大基地建设力度，以提升学生的实际操作能力。

7.课程与教材建设和实践教学对接产业技术构成

课程与教材建设必须与产业技术构成相对接，确保学生学习的内容与产业技术的需求相匹配。及时更新课程和教材，引入最新的产业技术和发展趋势，能够提高学生的就业竞争力。

8.专业建设政策对接产业发展政策

专业建设政策必须与产业发展政策相对接，以促进职业教育与产业的良性互动和共同发展。政府应制定相关政策，支持产业与职业教育的紧密结合，为产业的健康发展提供有力支撑。

（三）行动层

1.专业结构对接行动场

在专业建设的过程中，必须确保专业结构与产业结构和职业岗位的行动相对接，以保证专业建设的有效性和可行性，从而提高职业教育的质量和效度。

（1）企业调研

在专业建设初期，必须进行对企业和岗位的调研，以了解产业的发展趋势和人才需求。通过与企业沟通交流，确定各个行业的典型岗位及其所对应的职业角色和行动场，为后续的课程开发提供有力支撑。

（2）课程开发

根据企业调研的结果，制定符合实际需求的专业课程表，细化课程安排，确保课程内容与行动场相匹配。在课程开发过程中，要注重培养学生的实际操作能力和解决问题的能力，使其具备从业所需的技能和素养。

2.课程与教材结构以行动逻辑为基础

专业课程与教材的结构必须以行动逻辑为基础组织顺序，确保教学内容与产业技术构成相对接，以提高学生的就业竞争力和实际操作能力。在课程和教材的编写过程中，要注意以下几点：

（1）设计学习情境

针对同一范畴的参照系，设计三个以上的并列、递进或包容关系的学习情境，使学生能够在不同的情境下完成相应的学习任务，促进知识的迁移和应用。

（2）设置学习任务

在各个学习情境下设置不同的学习任务，使学生能够逐步完成工作过程中的各个环节，并通过实际操作获取经验和技能。

3.教师发展与教学方法以行动过程为载体

教师的发展与教学方法必须以工作或生产的行动过程为载体，注重在教学中引导学生实践和思考，培养其良好的学习习惯和解决问题的能力。在教学过程中，教师应注意以下几个方面：

（1）宏观流程

将每一个典型工作环节的普适性工作过程相匹配，确保教学内容与行动过程相契合，通过实践操作促进学生的学习和成长。

（2）中观流程

组织小组教学，让学生在小组中完成各个典型工作环节的普适性工作过程，通过学生之间的合作和交流，促进学习效果的最大化。

（3）微观流程

在具体的学习情境下，根据普适性工作过程的具体要求，设计不同的教学任务和评价方法，引导学生积极参与并及时反思。

（四）结果层

1.实现技能的迁移

教学的根本目标是促进学生的技能迁移，从宏观和微观两个层面来看，这一目标体现了教学的首要任务和终极目标。宏观上看，教学旨在帮助学生运用所学知识，通过实践和试错不断形成技能，并将这些技能应用于解决生产和生活中的实际问题。这一过程是一个持续不断的循环，通过实践和试错，不断完善和提升技能水平，最终达到解决问题的能力。在这个过程中，教学的第二目标是储存知识，实现知识的代际传承，为生命和种族的延续提供支持。微观层面上，知识的习得过程经历了从陈述性知识到程序性知识再到策略性知识的演变。策略性知识是指学习者在特定学习情境中对任务的认识、学习方法的选择以及学习过程的调控能力。通过不断的实践和反思，学生将操作技能和心智技能融合，形成智慧型技能，从而提高技能迁移的水平。因此，教学的初级目标是帮助学生同化知识并重塑认知结构，最终实现技能的迁移，使他们能够在不同的工作情境下灵活应对并解决实际问题。这一过程体现了教学的核心使命，即培养具有综合能力和解决问题能力的专业人才，为社会发展和进步做出贡献。

2. 提升学习者的技能迁移水平

在提升学习者的技能迁移水平方面，关注学生的技能迁移能力是至关重要的。尽管教学中常常强调以学生为中心，但这种表述并不准确。在职业院校教育中，学生的技能迁移水平应该成为教学的核心焦点。在同一范畴的参照系下设置三个以上的学习情境，并通过这些情境的变化来促进学生技能水平的提升。这种学习情境的设置应当能够逐步引导学生实现技能的迁移，从自迁移到近迁移再到远迁移的提升。同时，随着情境的变换，教师的参与层次和指导水平也应该逐步提升。教师可以逐渐减少对学生的直接干预，将更多的时间转交给学生，从而实现课堂的有机翻转和有机对分。

在这个过程中，学生和教师的职业素质和发展水平将会共同提高，实现了教学相长的效果。这意味着教师不仅要有教学的技能，还要有针对学生技能迁移的教学策略和方法。同时，学生需要在教师的指导下逐步培养自主学习和问题解决的能力，从而实现技能迁移水平的提升。

在教学过程中，教师应该注重以下几个方面来提升学生的技能迁移水平：

（1）设置多样化的学习情境

教师应该根据课程内容和学生的实际情况，设计多样化的学习情境，使学生在不同的情境下都能够应用所学知识和技能，并逐步实现技能的迁移。

（2）引导学生进行自主学习

教师在设置学习情境的同时，应该引导学生主动参与学习，培养他们的自主学习能力。通过让学生自己解决问题和完成任务，促进其技能的迁移。

（3）提供及时的反馈和指导

在学习过程中，教师应该及时给予学生反馈，并提供必要的指导和支持，帮助他们克服困难，进一步提升技能迁移水平。

（4）鼓励学生进行反思和总结

教师应该鼓励学生在学习过程中进行反思和总结，帮助他们发现问题并找到解决问题的方法，从而加深对知识和技能的理解，提高技能的迁移水平。

（5）创设合作学习环境

教师可以通过组织学生之间的合作学习活动，促进他们之间的交流和合作，共同解决问题，从而加速技能的迁移过程。

通过以上方法的实施，可以有效地提升学生的技能迁移水平，使他们能够更好地应对未来的工作挑战，为自己的职业发展打下坚实的基础。

3.更新教学绩效评价的基本模型及其应用方式

以"点"来评价教学绩效的方式已经不能适应现今的教学系统。根据职业教育教学的过程性和行动性，以普适性工作过程的六个环节，即"资讯—计划—决策—实施—检查—评价"①为评价单元，将按照时序性排列的典型工作过程与六步法相结合，制作相对应的雷达图，实现对教学绩效的综合化、系统化的评价。具体应用方式如下：在每一工作情境，测量每一个典型工作环节下普适性工作过程的六步的绩效得分，将每步得分标注在雷达图的经线上，把标注在雷达图上的各个得分点连接起来形成一个闭合的不规则六边形，此六边形的面积占比即为该被评者在这个典型工作环节下的教学绩效的整体评价；以此类推，即可计算出在每个工作情境下，每个典型工作环节的具体绩效得分情况，"将各个工作环节的整体绩效相加后取算术平均数或者标准差"②，作为该被评测者的教学综合绩效评价。

① 姜大源，王泽荣，吴全全，等.当代世界职业教育发展趋势研究——现象与规律（之三）——基于纵横维度交替发展的趋势：实然与应然 [J].中国职业技术教育，2012（24）：15-27+39.
② 闫智勇，吴全全.工作过程系统化课程视角下职教师资专业素质评价对策[J].职教论坛，2017（6）：5-11.

第三章 教法改革在"三教"改革中的作用

第一节 传统教学模式存在的问题

数字技术以其特有的资源禀赋优势推动产业全面向数字化、智能化转型，越来越多的岗位职责由原先单一、局部向全面、复合的趋势变化。"三教"改革作为助推职业教育高质量发展的重要抓手，以教师改革为主导，以教材改革为载体，以教法改革为媒介，推动职业教育人才培养目标与岗位胜任能力的供需契合，促进教学过程与生产流程的基本匹配，不断缩减产业链、教育链与人才链之间的差距，使学生真正成为促进区域产业可持续发展的主力军。

一、产业数字化转型的内涵及对工作岗位提出的新要求

伴随着大数据、云计算、物联网以及工业 4.0 技术对实体产业的全面渗透，越来越多的产业和行业开展了数字化转型，具体包含数字技术变革、数字要素禀赋和制度变迁三个维度。数字技术本身作为一种技术密集型生产要素，极大地提高了其他生产要素的整合效率，实现了价值创造效应；另外，作为一种要素禀赋参与生产制造过程当中，极大程度地降低了产业链条内企业之间的沟通成本和各类隐性成本，实现了成本节约效应。对于职业教育而言，数字化转型背景下，各个工作岗位的特征将发生显著变化，从而为职业教育人才培养的变革提供了方向（见图 3-1）。

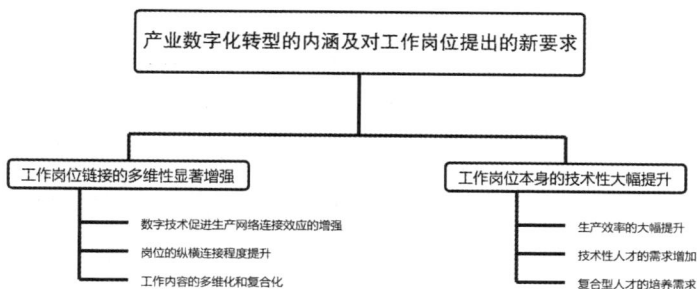

图 3-1 产业数字化转型的内涵及对工作岗位提出新要求架构图

（一）工作岗位链接的多维性显著增强

1. 数字技术促进生产网络连接效应的增强

在数字化转型背景下，企业之间的生产网络连接效应得到了显著增强。以往单一的生产环节逐渐演变成多个环节的互相连接，形成了更加复杂的生产网络。例如，原本只负责制造环节的岗位，现在需要与其他环节的岗位紧密合作，共同完成产品从设计到销售的全过程。这意味着岗位不再是孤立存在的，而是与整个生产网络密切相连，工作内容和要求也因此发生了显著变化。

2. 岗位的纵横连接程度提升

由于数字化转型促进了产业链条之间的网络连接效应，企业岗位之间的联系更加紧密。原本局限于特定领域的岗位，现在需要具备更广泛的业务理解和跨领域的能力。例如，在数字化转型中，一个产品的开发可能涉及设计、制造、销售等多个环节，因此相关岗位之间的沟通和协作变得尤为重要。工作岗位的纵横连接程度明显提升，对员工的综合能力提出了更高的要求。

3. 工作内容的多维化和复合化

随着数字技术的广泛应用，原本单一的工作内容逐渐变得多维化和复合化。工作岗位不再局限于某一特定领域，而是需要具备跨学科的知识和技能。例如，在数字化转型中，企业的销售岗位可能需要具备一定的市场营销、数据分析和客户服务等能力，以更好地适应市场需求。这意味着员工需要不断学习和提升自己的能力，才能适应工作岗位的多维化和复合化趋势。

（二）工作岗位本身的技术性大幅提升

1. 生产效率的大幅提升

产业数字化转型主要通过网络连接的生产优势、成本节约的技术优势以及市场创造的价值优势等，推动了生产效率的大幅提升。数字技术的应用使得生产过程更加智能化和自动化，大大提高了生产效率和产品质量。

2. 技术型人才的需求增加

为了实现产业数字化转型的目标，企业对技术型人才的需求呈现出明显增加的趋势。这些人才不仅需要具备计算机基础和信息技术应用的能力，还需要掌握生产运作规律、市场数据分析等相关领域的知识和技能。例如，在智能制造领域，企业需要具备控制系统设计、传感器技术、数据分析等方面的专业人才，以应对复杂的生产环境和技术挑战。

3.复合型人才的培养需求

随着数字化转型的深入推进，企业对复合型人才的需求越来越大。这些人才不仅需要具备专业的技术知识和技能，还需要具备良好的沟通能力、团队合作能力和创新能力。例如，在数字化转型中，企业需要拥有既懂技术又懂市场的复合型人才，才能更好地把握市场需求和技术趋势，实现产业的持续发展。

二、现阶段"三教"要素发挥赋能职业教育高质量发展存在的不足

由于数字化转型背景下企业岗位链接的多维性和技术性要求增强，以往的职业教育人才培养模式可能并不适应产业数字化转型的需要。特别是"三教"改革中的三大要素：教师、教材、教法，在现阶段要发挥赋能职业教育高质量发展的作用，存在以下不足（见图3-2）。

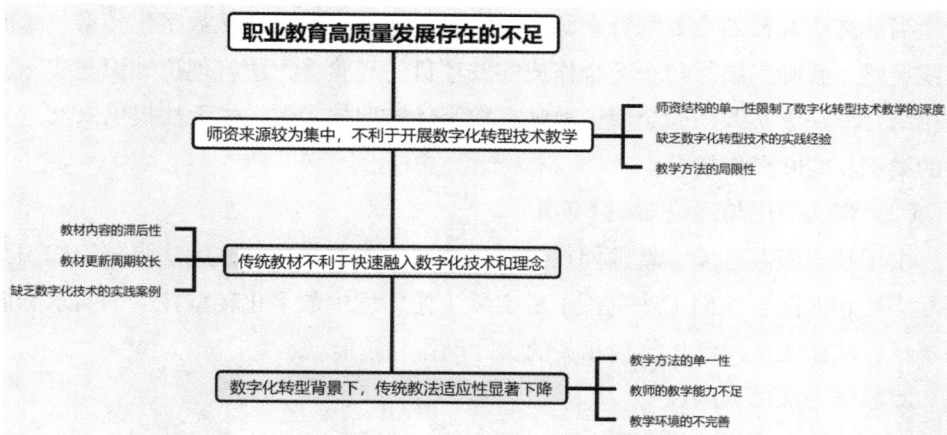

图3-2 职业教育高质量发展存在的不足架构图

（一）师资来源较为集中，不利于开展数字化转型技术教学

1.师资结构的单一性限制了数字化转型技术教学的深度

（1）主要教师来源较为集中

目前，高职院校的师资结构相对单一，主要教师来源于本科院校毕业生。这种单一来源导致了对于数字化转型技术教学的深入理解与掌握存在困难。由于教师缺乏来自企业的直接经验，他们可能无法真正理解和把握数字化转型的技术要求和实践应用。这限制了他们在数字化转型技术教学方面的能力和水平。

（2）缺乏来自企业的直接经验

由于主要师资来源于学术界，教师们缺乏来自企业的实践经验。在数字化转型技术的教学过程中，缺乏实际生产经验使得教师难以将理论知识与实践经验有效结合。这使得他们很难向学生传授真实世界中的应用技巧和经验，影响了学生在就业市场上的竞争力。

（3）教师对数字化转型技术的了解有限

由于缺乏与数字化转型相关的实践经验，教师们对数字化转型技术的了解有限。他们可能更倾向于使用传统的讲授方式，而缺乏与数字化转型相关的实践教学方法。这使得学生只能获得表面性的理论知识，难以真正掌握数字化转型技术。

2.缺乏数字化转型技术的实践经验

（1）主要师资来源于学术界

当前高职院校的主要师资来源于学术界，这就导致了缺乏数字化转型技术的实践经验。教师们缺乏与企业合作或实践项目的经验，无法将理论知识与实际应用相结合。缺乏实践经验会使得教师在数字化转型技术教学中无法提供真实世界中的案例和实际操作指导。

（2）现实应用与理论知识不匹配

由于缺乏实践经验，教师们在数字化转型技术教学中往往无法将理论知识与实际应用相匹配。他们无法真正了解实际工作环境中数字化转型技术的需求和应用场景，从而无法向学生传授相关的实际操作和技能。

3.教学方法的局限性

（1）传统教学方法的应用

由于数字化转型技术的特殊性，传统的教学方法可能无法有效地传授数字化转型技术知识。教师们可能更倾向于使用传统的讲授方式，而缺乏与数字化转型相关的实践教学方法。这使得学生无法真正掌握数字化转型技术，影响了他们未来在职业生涯中的竞争力。

（2）缺乏针对数字化转型技术的教学创新

由于缺乏对数字化转型技术教学的深入理解，教学创新也相对缺乏，导致教师在教学过程中可能没有采用与数字化转型相关的教学工具和方法，无法满足学生对于数字化转型技术的实践需求。这使得学生在教学过程中难以获得全面而深入的学习体验。

（二）传统教材不利于快速融入数字化技术和理念

1.教材内容的滞后性

（1）缺乏产业界深度参与

目前大部分教材由高职院校教师编写，缺乏来自产业界的深度参与。这导致了教材内容往往滞后于数字化转型技术的最新发展。教材无法及时反映行业的最新需求和趋势，使得学生无法获取到与数字化技术实际应用相关的最新知识。

（2）信息更新速度不及时

传统教材的信息更新速度不及时，难以跟上数字化技术的快速发展。由于教材编写、审核、出版等环节较为烦琐，学生需要等待较长时间才能获取到最新的教材内容。这导致了教材内容与实际应用场景脱节，影响了学生对数字化转型技术的有效学习。

2.教材更新周期较长

（1）编写、审核、出版流程烦琐

传统教材更新周期较长的主要原因在于编写、审核、出版的流程比较烦琐。这一过程中涉及多个环节，时间消耗较长，导致教材的更新速度受到阻碍。学生需要通过较长时间才能获取到最新的教材内容，导致他们学习内容跟不上最新趋势。

（2）难以适应技术快速更新

数字化转型技术的快速更新和变化要求教材能够及时更新以跟上最新趋势。然而，传统教材的更新周期较长，教材内容的滞后性使得学生无法快速掌握最新的数字化技术知识，这对他们未来的职业发展造成了困扰。

3.缺乏数字化技术的实践案例

（1）实践案例不足

传统教材往往缺乏与数字化技术相关的实践案例，无法真实地反映数字化转型技术在实际生产中的应用。缺乏实践案例使得学生无法将理论知识与实际操作相结合，无法全面掌握数字化转型技术的核心概念和技能要求。

（2）需要增加实际应用场景

为了提高教材的实用性，应该增加更多与实际应用场景相关的数字化技术实践案例。这样可以帮助学生更好地理解数字化转型技术的实际应用，提升他们的实践操作技能，为将来的职业发展提供更好的支持。

（三）数字化转型背景下，传统教法适应性显著下降

1.教学方法的单一性

（1）传统教学方法的局限

传统教学方法主要以理论讲授为主导，在数字化转型背景下可能无法满足学生的需求。缺乏与数字化转型相关的实践教学方法，使得教学过程缺乏足够的针对性和实践性。学生可能难以真正掌握数字化转型技能、应用和解决问题的能力。

（2）缺乏互动性与实践性

传统教学法往往强调教师的单向传授，缺乏师生互动和学生参与式学习。在数字化转型背景下，学生需要更多的实践机会来应用所学知识，而传统教学方法无法提供足够的实践环境和实践机会。这样会限制学生的学习效果和能力提升。

2.教师的教学能力不足

（1）缺乏实践经验和案例

教师们缺乏与数字化转型相关的实践经验和案例，导致他们在数字化转型技术教学方面的教学能力可能存在不足。他们可能无法真正理解和把握数字化转型的技术要求和实践应用，无法有效地将相关知识传授给学生。这使得教学过程中存在理论与实践脱节的问题。

（2）教学能力提升需求

面对数字化转型的挑战，教师的教学能力需要不断提升和更新。他们需要不断学习更新的技术知识和教学方法，增加数字化转型领域的实践经验，以提高自身的教学水平和能力。同时，也需要注重培养学生的实践能力和创新思维，以适应数字化转型时代的要求。

3.教学环境的不完善

（1）缺乏先进的数字化技术设备

传统教学环境可能无法满足数字化转型技术教学的需求。缺乏先进的数字化技术设备和实践平台，使得教学过程中缺乏真实性和有效性。学生无法在真实的数字化环境中进行学习和实践，影响他们的学习体验和效果。

（2）建设数字化教学环境的重要性

为了提高数字化转型技术教学的质量，学校需要加强对数字化教学环境的建设。这包括更新教学设备，建立实践实验室，提供在线学习平台等措施，以营造良好的数字化学习环境。只有在数字化环境下，学生才能充分发挥潜力，提升数字化转型技能和能力。

第二节　教育数字化与教学方法、策略创新

在"三教"改革中，教法改革扮演着引领教学模式创新的重要角色。传统的教学方式已经无法满足现代职业教育的需求，因此，教法改革通过以下几个方面推动了教学模式的创新。

一、问题驱动式学习

教法改革注重引入真实世界中的问题，这些问题往往具有挑战性和复杂性，能够激发学生的求知欲和学习兴趣。

（一）挑战性问题的引入

1.教育数字化与教学方法创新

（1）数字化技术的应用

随着信息技术的迅速发展和应用，教育数字化成为当今教育改革的重要方向。教育数字化可以通过引入先进的技术设备和互联网资源，扩展学生的学习空间和学习机会，提供更多样化和个性化的学习方式。同时，数字化技术还能够提供更真实、具有挑战性的学习场景，促使学生主动参与和思考，激发他们的学习兴趣。

（2）引入真实世界中的挑战性问题

为了适应数字化时代的需求，教法改革注重引入真实世界中的挑战性问题。这些问题涉及各个学科领域，具有一定的专业性和复杂性。通过向学生提出挑战性问题，能够让他们在解决问题的过程中练习和应用所学知识，并激发他们的学习动力和创新思维。例如，在工程类课程中，设置关于设计新型材料或优化工艺流程的挑战性问题，可以激发学生对工程学科的兴趣和探索精神。

2.激发学生的学习动力

（1）培养学生的主动性和合作性

传统的教学模式往往是教师主导的，缺乏学生自主学习和参与的机会。引入真实世界中的挑战性问题可以让学生变成学习的主体，积极参与课堂活动，主动学习和思考。同时，挑战性问题往往需要学生之间的合作与团队协作，培养他们的合作能力和团队精神。

（2）提高学生解决问题的能力

面对挑战性问题，学生需要进行深入分析和思考，运用所学的知识和技能解决问题。通过解决实际问题，学生能够提高他们解决问题的能力，培养创新思维和实践能力。这种积极参与和主动解决问题的学习方式，能够激发学生的学习动力，提高他们的学术表现和应对挑战的能力。

（二）复杂性问题的引入

1.跨学科思维的培养

（1）复杂性问题的特点

引入真实世界中的复杂性问题是教法改革的一项重要举措。复杂性问题具有以下特点：涉及多个学科领域，需要跨学科的知识和技能进行综合分析；问题背后存在着多种因素和关联，需要学生进行系统性思考和解决；问题解决过程中往往伴随着不确定性和变化性，需要学生具备适应变化的能力。

跨学科思维的培养是通过引入复杂性问题来实现的。学生在解决这些问题的过程中需要学习和运用多个学科的知识，培养他们将不同学科的观点和方法进行综合的能力。

（2）探索真实世界的挑战

复杂性问题常常源自真实世界的挑战。例如，在解决环境污染问题时，除了要了解环境科学的原理和方法，还需要考虑政策法规、社会经济等方面的因素。通过引入这些复杂性问题，学生能够更好地理解和应用学科知识，同时也能够培养他们的综合思维和解决问题的能力。

2.提升学生的综合素质

（1）综合运用学科知识和技能

解决复杂性问题需要学生综合运用不同学科的知识和技能。他们需要整合各个学科的概念和理论，进行全面的分析和解决方案的制定。例如，在设计一个智能交通系统时，学生需要运用到数学、物理、计算机科学等多个学科的知识，进行系统性的分析和设计。

（2）培养创新能力和实践操作能力

复杂性问题的解决过程中往往需要学生进行创新思考和实践操作。学生需要思考新的解决方案、设计新的实验或模型，并将其付诸行动。通过实践操作，学生能够加深对所学知识的理解和运用，培养创新能力和解决实际问题的能力。

（三）实践性问题的引入

1. 与实际工作相关的问题

（1）实践性问题的重要性

教法改革强调引入与实际工作相关的问题，旨在让学生在解决问题的过程中获得实践经验和技能。这些问题紧密联系着社会现实和职业需求，帮助学生将所学理论知识应用于实际情境中，提升他们的综合实践能力和解决实际问题的能力。通过解决实践性问题，学生能够接触真实场景、体验实际挑战，从而培养实践操作能力，增强自身竞争力。

（2）实践性问题的案例

在商业管理课程中，引入解决实际企业管理问题的案例分析可以帮助学生将管理理论与实践相结合。通过分析真实案例，学生能够理解管理决策背后的逻辑和原因，提升对管理实践的洞察力和应变能力。另外，在信息技术课程中，设计实际的软件开发项目可以让学生在实践中学习并运用所学的技能，锻炼他们的实际操作能力和团队协作能力。通过这样的实践性问题，学生不仅能够更好地理解和掌握知识，还能够培养解决实际问题的能力，为未来就业奠定基础。

2. 案例分析与实践操作

（1）实践操作的重要性

案例分析和实践操作是教育过程中非常重要的环节。通过对真实案例的分析和解决，学生能够将理论知识与实际问题相结合，深化对知识的理解和运用。同时，实践操作可以让学生在实际操作中提升技能水平，培养解决实际问题的能力，并增强团队合作和沟通能力。

（2）案例分析与操作实践的融合

在教学中，案例分析和操作实践可以相互融合，形成闭环式的学习模式。通过案例分析，学生能够理解理论知识在实际情境中的应用，再通过实践操作将理论付诸实践，加深对知识的记忆和理解。这样的学习方式既能提高学生的学习成效，又能培养他们的实际操作能力和解决问题的能力。这种基于实践性问题的教学方法能够激发学生的学习兴趣，培养其实践能力，使其更好地适应未来的工作和生活需求。

二、案例教学法

案例教学法以实践案例为基础，通过真实案例的分析和讨论来进行教学。这些案例通常来源于实际工作场景或历史事件，具有较高的真实性和可操作性。

（一）案例教学法的理论基础

案例教学法作为一种教学方法，在教育领域中具有扎实的理论基础，主要基于以下几个理论：

1.认知学习理论

案例教学法借鉴了认知学习理论的观点，强调学生通过主动参与、探索和发现，构建自己的知识结构。根据认知学习理论，学生通过与实际案例的互动，将抽象的理论知识转化为具体的实践经验，从而更深入地理解和应用知识。

2.建构主义学习理论

案例教学法也与建构主义学习理论密切相关，建构主义认为知识是由学习者自主建构的，学习的过程是一种个体性的、积极主动的构建过程。在案例教学中，学生通过分析和讨论案例，与他人共同构建知识，通过交流和合作达成共识，促进个体和群体之间的知识建构和共享。

3.情境学习理论

案例教学法还借鉴了情境学习理论的思想，情境学习理论认为学习应当在具体的情境中进行，学习的内容和过程应当与学习者的实际情境密切相关。因此，案例教学法通过引入真实的工作场景或生活情境，使学生能够在情境化的环境中进行学习，更好地理解和应用所学知识。

（二）案例教学法的实施步骤

案例教学法的实施步骤是教师引导学生通过案例分析来学习和应用知识。这一过程通常包括以下几个关键步骤：

1.确定教学目标和选取案例

在实施案例教学之前，教师首先需要确定教学目标，明确希望学生通过案例学习达到的能力和知识水平。

然后，教师根据教学目标和课程内容选取合适的案例。案例应当具有代表性，与课程内容相关，并且能够引发学生的兴趣和思考。

2.引入案例

教师在课堂上向学生介绍选取的案例，包括案例的背景、情境和涉及的问题。引入阶段旨在激发学生的学习兴趣，并使他们理解案例的重要性和复杂性。

3.分析案例

学生个别或分组对案例进行深入分析。他们需要仔细阅读案例材料，理解案例中的情景、角色和问题，并提出解决问题的可能方案。

在分析过程中，学生应该结合课程知识和理论进行思考和讨论，从而理解案例中涉及的概念和原则，并尝试解决案例中的问题。

4.讨论和交流

学生在分析案例的过程中，教师可以引导他们进行讨论和交流。学生可以分享自己的观点、思考和解决方案，借此促进彼此之间的学习和思想碰撞。

教师在讨论过程中起到引导和促进的作用，帮助学生深入思考案例中的问题，并提出挑战性的问题以激发学生的思考和探索。

5.总结经验和归纳原则

在案例分析完成后，教师引导学生总结案例分析的经验和教训，归纳案例中涉及的重要概念和原则。这有助于学生对所学知识的理解和应用，并加深对相关概念的记忆和理解。

6.拓展应用和评估

最后，学生可以将所学知识和经验应用到其他类似情境中，进一步培养他们的问题解决能力和实践能力。

教师可以通过作业、小组讨论、课堂表现等方式对学生的学习效果进行评估，以了解学生对案例教学的掌握程度和理解能力。

（三）案例教学法的优势

1.实践性强

案例教学法作为一种以实践案例为基础的教学方法，具有强大的实践性，这主要体现在以下几个方面：

（1）真实场景模拟

案例通常来源于真实的工作场景、历史事件或社会问题，其情境和内容具有高度的真实性和可操作性。通过分析和讨论这些案例，学生能够模拟实际工作中遇到的问题和挑战，加深对专业知识的理解和应用。

（2）实践操作环节

在案例教学过程中，学生通常需要通过团队合作或个人思考提出解决问题的方案，并进行实践操作。例如，他们可能需要制定营销策略、解决管理难题或设计工程方案等，这些实践操作使学生能够在真实情境下运用所学知识和技能，增强实践能力。

（3）问题解决能力培养

案例教学注重培养学生的问题解决能力。在分析案例时，学生需要识别并分析问题的关键点，提出合理的解决方案，并评估其可行性和效果。这种实践性的问题解决过程有助于学生培养批判性思维和创新能力。

（4）与实际应用结合

案例教学法能够将理论知识与实际应用相结合，使学生能够将所学知识直接应用于实际工作或生活中。通过分析实际案例，学生能够更好地理解理论知识的实际意义和应用场景，增强专业素养和实践能力。

2. 激发兴趣

案例教学法能够通过引入生动、具体的案例，激发学生的学习兴趣和主动性，从而提高学习效果。其激发兴趣的方式主要体现在以下几个方面：

（1）情境化教学环境

案例教学营造了情境化的教学环境，使学生能够在具体的案例情境中进行学习和思考。这种情境化的教学环境能够激发学生的学习兴趣，增强他们对学习内容的关注度和投入度。

（2）生动具体的案例内容

案例通常选取生动具体、贴近学生生活和实际工作的内容，能够引起学生的共鸣和兴趣。学生在分析和讨论这些案例时，往往能够产生强烈的学习动机，愿意积极参与到教学活动中来。

（3）学生参与度提高

在案例教学中，学生通常需要积极参与到案例分析和讨论过程中来。他们可以通过小组讨论、角色扮演等方式与同学和教师进行互动，从而增强学习的趣味性和交互性。

3. 培养综合能力

案例教学法不仅能够传授学科知识，还能够培养学生的综合能力，主要体现在以下几个方面：

（1）跨学科知识应用

案例教学通常涉及多个学科领域，要求学生运用跨学科的知识和技能进行分析和解决问题。学生在案例分析过程中需要综合运用所学的各类知识，拓展思维边界，深入思考问题的多方面因素，并提出综合性的解决方案。

（2）实践操作技能

案例教学强调学生在实践操作中的能力培养。通过解决实际案例中的问题，学生需要具备调研、分析、解决问题的能力，同时还需要掌握团队合作、沟通协调等实践操作技能。

（3）批判性思维和判断能力

案例教学激发学生对问题的深入思考和批判性分析能力。学生在分析案例过程中，需要对信息进行筛选、加工和判断，提出自己的见解和观点，并能够理性地评估不同方案的优缺点，做出合理的决策。

三、项目式教学

项目式教学将项目作为教学的载体，通过学生参与项目设计、实施和评价，实现综合性学习和实践活动。项目可以是实际的工程设计、科研课题或社会实践活动，能够激发学生的学习兴趣和动力。

（一）项目式教学的理论基础

1.学习者中心理论

项目式教学注重将学生置于学习的中心地位，强调学生的主动参与和学习动机的激发。学习者中心理论认为，学生应该成为学习的主体，而不是被动的接受者。通过项目式教学，学生可以在实际的项目中自主探索、解决问题，从而培养自主学习和问题解决能力。

2.任务驱动学习理论

项目式教学强调学习任务的驱动作用。学习任务是项目式教学的核心，学生通过完成项目任务来实现学习目标。任务驱动学习理论认为，学习任务的设定可以激发学生的学习兴趣和动力，促使他们积极参与学习活动，提高学习效果。

（二）数字化技术在项目式教学中的应用

1.虚拟实验平台

（1）技术支持与便利性

虚拟实验平台是基于数字化技术构建的在线实验环境，为学生提供了模拟真实实验场景的机会。这些平台通常具有用户友好的界面和直观的操作方式，使学生能够轻松地进行实验操作，不受时间和地点的限制。学生可以通过网络随时随地访问虚拟实验平台，进行实验操作和数据分析，大大提高了学习的便利性和灵活性。

（2）安全性与成本效益

虚拟实验平台可以在虚拟环境中进行实验操作，避免了传统实验中可能存在的安全风险和实验设备的损坏问题。同时，虚拟实验平台的建设和运行成本相对较低，不需要大量的实验设备和耗材，节约了学校和学生的经济成本，提高了资源利用效率。

（3）实验场景的多样性

虚拟实验平台可以模拟各种不同的实验场景和实验项目，涵盖了多个学科领域的实验内容。学生可以选择不同的实验项目进行操作和探索，满足了不同学科、不同专业的学生的学习需求。同时，虚拟实验平台还可以根据学生的学习进度和能力水平提供个性化的实验内容和难度，促进了个性化学习和差异化教学。

2.在线协作工具

（1）实时沟通与合作

在线协作工具为学生提供了实时沟通和合作的平台，使他们能够方便快捷地进行交流和协作。通过共享文档、实时聊天、视频会议等功能，学生可以随时与组员进行沟通，共同讨论项目进展、分配任务、解决问题，促进了团队协作能力的培养。

（2）跨时空合作

在线协作工具打破了时间和空间的限制，使学生可以跨越地域和时区进行合作。无论学生身处何地，只要有网络连接，就可以方便地与组员进行协作。这种跨时空的合作模式不仅提高了学生的合作效率，还培养了他们适应多样化工作环境的能力。

（3）版本管理与跟踪

在线协作工具通常具有版本管理和修改跟踪的功能，可以记录下每个成员对文档的修改和编辑历史。这种功能有助于监督和管理团队的工作进度，避免了信息的丢失和混乱，保证了项目的顺利进行和高效完成。

3.模拟仿真软件

（1）实践操作与数据分析

模拟仿真软件为学生提供了进行实践操作和数据分析的平台。通过 CAD、MATLAB 等软件，学生可以进行复杂工程设计和科学模拟，模拟真实的工程项目和科学实验过程，加深了对专业知识的理解和应用。

（2）错误容忍与反馈机制

模拟仿真软件通常具有错误容忍和反馈机制，可以及时发现并纠正学生在操作过程中的错误。学生可以通过模拟软件进行试验和实验，发现问题并及时修改，提高了实践操作的安全性和有效性。

（3）自主学习与探索

模拟仿真软件为学生提供了自主学习和探索的空间。学生可以根据自己的兴趣和需求选择不同的仿真项目进行操作和研究，自主探索问题的解决方法，培养了自主学习和问题解决能力。

（三）项目式教学的实施策略

1.任务设计

（1）挑战性与实践性

任务设计应具有一定的挑战性，能够激发学生的学习兴趣和动力。任务内容应紧密结合课程目标和学生实际，具有一定的实践性，让学生能够通过实际操作解决问题，加深对知识的理解和应用。

（2）任务分解与指导

教师应将任务进行合理分解，明确任务目标和实施步骤。任务分解有助于学生清晰地了解任务要求和实施路径，避免任务过于笼统或模糊。同时，教师还应提供必要的指导和支持，帮助学生克服困难，顺利完成任务。

（3）个性化任务设计

根据学生的兴趣、特长和学习能力，设计个性化的任务内容。个性化任务设计可以激发学生的主动性和积极性，提高任务完成的效率和质量。同时，个性化任务设计还能够满足不同学生的学习需求，促进个性化学习和差异化教学。

2.指导与反馈

（1）及时指导与支持

教师在项目式教学中扮演着引导者和辅导者的角色，应及时为学生提供指导和支持。教师可以通过课堂讨论、个别辅导等方式，解答学生在任务实施过程中遇到的问题，帮助他们克服困难，顺利完成任务。

（2）反馈与修正

教师应及时对学生的任务实施情况进行反馈，并提出具体的改进建议。通过对学生实施过程和成果的评价，帮助学生发现问题并及时修正，促进学生的学习进步和成长。

（3）鼓励与激励

教师应及时给予学生积极的鼓励和肯定，激发他们的学习动力和自信心。适当的正面反馈能够增强学生的自我认同感和成就感，提高他们对学习任务的投入和兴趣。

3. 评价机制

（1）多维度评价

项目式教学的评价应该注重多维度的考察，包括学生的知识水平、实践能力、团队合作能力等方面。除了传统的考试评价外，还可以采用项目成果展示、小组评价等方式，全面地评价学生的学习成果和学习过程。

（2）形成性评价

评价应该具有形成性的特点，即在学习过程中持续进行、及时发现和纠正学生的问题。通过对学生每个阶段的任务完成情况进行评价，帮助他们及时调整学习策略，提高学习效果。

（3）反思与总结

评价不仅是对学生的学习成果进行检验，更是对教学过程的反思和总结。教师应从评价结果中发现问题和不足，探索改进教学方法和策略的途径，不断提高项目式教学的质量和效果。

第三节　课程教法改革案例分析

一、项目驱动课程设计案例

（一）案例背景

高等职业教育①是高等教育中具有较强职业性和应用性的一种类型教育，因此职业院校开设的专业教学课程大部分有着极强的实践性和实操性，以培养出有较强实操能力的技能型人才。随着高等教育的大众化，职业院校面临的生源危机日趋严重，学生的文化理论知识基础薄弱。职业院校唯有大力推行教学改革，通过先进的教学方法与模式，调动学生学习积极性、强化学生动手操作能力、提高人才培养质量，才能在当前环境下获得可持续发展。项目驱动模式教学是目前众多职业院校积极推行的一种教学模式。研讨式组织形式能促使学生勤于思考、协同合作，有助于提高学生的综合能力。下面将以水利工程专业的《水利工程图识读与绘制》课程为例，探讨如何运用项目驱动模式和研讨式组织形式改进教学，以提高学生学习兴趣和人才培养质量。

---

① 马廷奇. 高职院校扩招与高职教育高质量发展 [J]. 中国职业技术教育，2019，（33）：25 – 30.

（二）改革措施

1.项目驱动模式与研讨式组织形式

项目驱动模式教学[①]是在教学过程中以学生为主体、以项目任务为载体、以问题解决过程为导向，来培养和提升学生的综合职业能力与素养。研究表明，项目驱动模式教学能有效训练学生的专业技能，满足当前高等职业教育人才培养目标的要求。近些年我国职业教育逐步发展起来并得到国家教育部门和社会的普遍重视，项目驱动教学模式的研究与应用在职业教育领域不断扩大并日趋成熟。研讨式教学组织形式[②]又称为习明纳（Semi-nar）教学模式，其目的是鼓励学生思考问题和讨论问题，促使学生围绕任务主题主动搜索、辨别、选择、加工信息，通过研讨与协作共同应用理论知识解决实际问题。整个过程不但能使学生开阔视野、增长知识、提高协同能力，还有利于师生共同探索、发现和研究，进而密切生生关系、师生关系，促使教学相长，从此改变单一平面的教学方式为立体多元的教学方式。

2.《水利工程图识读与绘制》课程

（1）课程介绍

《水利工程图识读与绘制》（以下简称《识图》）是水利类高职院校水利工程专业的一门核心课程。通过该课程的学习，学生将进一步巩固已学习的《水工建筑物》《水电站概论》等基础理论知识，并能够熟悉和运用《工程制图及CAD》等课程学习中掌握的制图标准和绘图方法。这门课程旨在培养学生全面正确识读典型水利工程图纸所反映的专业信息的能力，并且能够根据规范标准准确绘制基本的水工建筑物及水利枢纽图。

作为一门实践性很强的课程，《识图》要求学生通过课程学习能够具备独立看图、相互交流、共同进步的能力。在课程学习中，学生将学会借助现代绘图技术快速正确绘制各类水利工程图纸，从而为今后从事水利水电专业工作打下坚实的基础。

该课程的核心目标不仅在于技术技能的培养，更重要的是在学术和职业素养上的提升。学生在学习过程中将培养独立思考、相互合作、吃苦耐劳、勤奋工作的意识，同时也将强化诚实、守信的优秀品质。通过课程的实践性学习，学生将逐步提高解决实际问题的能力，增强团队合作和沟通能力，为未来从事水利水电行业的工作奠定坚实的基础。

---

① 梁东明. 职业院校项目化教学改革模式研究与探索 [J]. 设备管理与维修，2018，（16）：29-31.
② 许荣兰. "案例演讲"+"案例研讨"式教学的课堂组织及效果评价分析 [J]. 教育教学论坛，2019，（4）：209-211.

（2）学情分析

学情分析显示，在水利工程专业中，学生在学习《水利工程图识读与绘制》这门课程时面临的一些挑战和困难。首先，与基础课程《工程制图》相比，水利工程图纸的种类更加繁多、图样数量更多，且图样更加复杂。这种情况容易让学生产生畏惧和不自信的心理，因为他们可能觉得难以应对复杂的图纸和问题。其次，职业院校学生的空间想象能力相对较弱，这使得他们在借助水利工程图纸对复杂的水工建筑物进行准确全面的还原时可能遇到困难。尽管他们已经学习了前期的理论基础课程，但由于知识遗忘较多、知识运用能力较弱，可能会出现新知识与旧知识衔接不畅的情况。此外，当前高职院校学生更倾向于形象思维，喜欢借助直观模型教具辅助学习，更喜欢动手操作、做成果，而对基础理论知识缺乏系统性的了解。

这些学情分析反映了学生在学习《水利工程图识读与绘制》课程时可能面临的挑战和困难。针对这些问题，需要采取有效的教学策略和方法来帮助学生克服困难，提高学习效率。例如，可以通过结合理论教学和实践操作，让学生在实际操作中加深对水利工程图纸的理解；同时，可以设计形象生动、易于理解的教学案例，帮助学生将抽象的理论知识与实际情境相结合，提高他们的学习兴趣和主动性。另外，教师还可以采用多种教学手段，如多媒体辅助教学、小组讨论、案例分析等，来激发学生的学习兴趣，提高他们的学习动力和能力。通过综合运用这些教学策略，可以更好地促进学生的学习，提高他们的学习效果和综合素质。

3.项目驱动模式及研讨式组织形式应用于《识图》教学的实施过程

（1）实施步骤

图3-3 为项目驱动模式及研讨组织形式应用于《识图》教学的总体实施步骤。

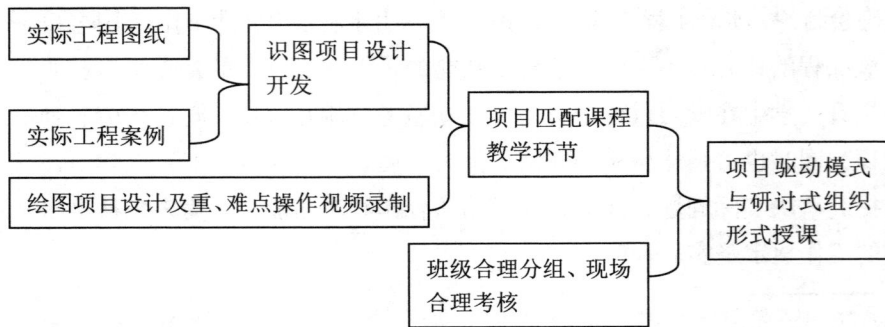

图3-3 课程总体实施步骤

（2）主要工作内容

①结合《识图》课程章节内容，搜集本行业设计或施工单位实际的各类水利工程及水工建筑物在各个阶段的工程图纸、工程案例，并设计开发为独立的识图项目，再匹配《识图》课程内容融入教学环节。

②在已设计好的独立识图项目中选择基础的、典型的水利工程图设计开发为对应的独立绘图项目，并针对其中重点、难点操作部分录制简单操作视频以供学生现场学习、现场演练，同样匹配《识图》课程内容融入教学环节。

③实际授课过程采用项目驱动教学模式及研讨式组织形式，即每次授课开始就抛出本次课的总项目任务，以总项目任务为导向，再分解为单元项目任务，同时对教学班级进行合理分组，由单元项目任务驱动各组学生进行知识储备学习、分组研讨、相互协作、过程分享、步步完善来完成本组单元任务，各组均通过此过程完成本组单元任务，最终综合各组研讨成果完成总项目任务。

④在新的教学模式下，传统的单一考试考察手段难以对学生的学习情况做全面客观的评价，因此有必要建立一个综合的学习效果评价方式，即注重过程考核。在各组研讨结束后，鼓励学生代表上台就本组任务解决思路、解决过程、最终成果进行阐述、总结和展示，其间穿插必要的讨论研究，以此为契机锻炼学生处理问题、表达阐述、展示自我等方面的能力，同时教师将对上台展示的学生在阐述任务解决思路是否正确、解决过程是否科学合理、成果是否正确全面、表达是否清晰有条理、仪态仪表是否得当等多方面对学生学习效果进行评价，并将评价结果作为一次课程平常成绩按一定比例计入该学生的最终考核成绩，以此督促激励学生积极参与准备。

基于以上各项工作，《识图》课堂教学过程中，学生在设计项目的引导下，主动地有目的学习相关理论知识与方法，再通过项目分解及科学合理分组，充分发挥组内成员相互探讨与协作的作用。在过程考核制度的激励下，所有组员积极准备汇总，小组代表同学上前总结分享本组所承担的任务成果，其他组员及其他小组均可补充完善，教师则在讨论结束后对该任务的易错点、难点着重讲解，对重点进行总结强调。每组均进行以上过程，最终本次课堂学习内容借学生主力、教师辅助共同呈现出来，而课堂凸显的以学生为主体的模式大大激发了学生的学习参与热情，增强了学生相互协作的成就感，提升了学生综合素质，活跃了课堂气氛，提高了学生学习质量与效率。

（三）效果评估

1.驱动模式及研讨式组织形式

在高职院校的实践教学中，采用项目驱动模式及研讨式组织形式具有显著的优势。首先，这种教学模式明确了学生的课堂学习任务，使学习目标更加清晰明确。通过项目驱动，学生被引导着面对真实的工程案例，从中学习和应用知识，使学习过程更具针对性和实践性。这不仅可以提高学生解决实际问题的专业能力，还能够拉近校内教学与实际工作岗位之间的距离，使学生更好地适应未来工作需求，从而提高人才培养的质量和效率。

其次，研讨式教学组织形式的应用颠覆了传统的教学方式，使课堂更具互动性和活跃性。相比于传统的一人讲课、学生安静听的课堂形式，研讨式教学更加注重师生互动和学生之间的协作交流。在这种组织形式下，师生之间的互动性增强，学生之间的协作意识加深，课堂变得更加灵活多样，学生不再是被动接受知识，而是积极参与到教学活动中来。这种变革让课堂充满活力，激发了学生的学习积极性，提高了教育教学的质量。

2.综合评价方式的建立

在新的教学模式下，传统的单一考试评价方式已经不足以对学生的学习情况进行全面客观的评价。因此，需要建立一个综合的学习效果评价方式，以全面反映学生的学习情况。这种评价方式可以将学生理论知识学习、课内组织与实操、讲台呈现、课后总结及知识运用等方面均考虑在内，形成一次课程平均成绩。在这种评价方式下，各个方面的表现都将被综合考虑，从而更加客观地评价学生的学习情况，促进学生的全面发展。

3.挖掘学生学习特点及合理运用教学辅助手段

针对当前高职院校学生的学习特点和学习习惯，需要合理运用形象直观的教学辅助手段，如图片、视频、模型教具等来辅助教学。这些教学辅助手段可以帮助学生更直观地理解抽象的理论知识，激发其学习兴趣，提高其学习效率。同时，还应该鼓励学生动手操作、独立思考、协同合作、勇于表达，从而激发他们的学习潜力，提高高职院校的人才培养质量。

二、问题驱动式学习案例

（一）案例背景

在某高职院校的机械制造专业课程教学中面临着诸多挑战。其中，最突出的问题之一是理论教学与实践应用之间的脱节现象。传统的教学模式往往偏重于理论知识的灌输，而忽视了与实际工作场景的联系。学生在课堂上接受大量抽象的理论知识，却很难将其与实际生产实践相结合，导致理论学习的效果不尽如人意。另外，学生的学习兴趣普遍不高也是一个显著的问题。传统的教学方式往往呈现出单一的知识传授模式，缺乏足够的趣味性和参与性，难以引发学生的学习兴趣。这种情况下，学生可能会出现学习倦怠、课堂不专心等现象，从而影响到教学效果的提升。因此，改善教学效果成为当务之急。高职院校需要探索一种新的教学模式，能够将理论知识与实践能力有机结合起来，激发学生的学习兴趣，提高他们的学习效果。这不仅有助于提升教学质量，还能够更好地培养适应现代工业发展需求的高素质技术人才。因此，有待针对这些问题进行深入探讨，并提出切实可行的解决方案，以提高机械制造专业课程教学的质量和效果。

（二）改革措施

问题驱动式学习是一种以问题为核心、以解决问题为目标，通过学生自主探究和合作解决问题的过程来促进学习的教学方法。某学校教师以机械行业中常见的实际问题为教学载体，设计了一系列问题驱动的学习任务和项目，例如"如何提高机械零件加工精度""如何降低机械设备能耗"等。学生在团队合作的环境下，通过解决这些问题，掌握相关知识和技能。

1.问题驱动式学习介绍

问题驱动式学习是一种教学方法，其核心理念在于以问题为中心，以解决问题为目标，通过学生自主探究和合作解决问题的过程来促进学习。相比于传统的教学方式，问题驱动式学习更加注重学生的主动参与和实践能力的培养，能够激发学生的学习兴趣，提高学习的实效性和实践性。

2.问题设计与学习任务

该校教师通过设计一系列与机械行业相关的实际问题，如提高机械零件加工精度、降低机械设备能耗等，作为教学任务的核心内容。这些问题既与专业知识密切相关，又紧扣实际工作需求，能够有效引导学生的学习方向，激发其学习的兴趣和积极性。

3.团队合作与项目实施

学生在团队合作的环境下，通过解决实际问题来掌握相关知识和技能。在这个过程中，教师充当引导者的角色，指导学生进行问题分析、解决方案设计和实施过程，同时提供必要的学习资源和支持。通过团队合作，学生不仅可以充分发挥个人的优势，还能够培养团队合作和问题解决的能力，从而提高学习的效果和实践能力。

（三）效果评估

1.学习积极性提高

经过一段时间的实施，学生的学习积极性明显提高。问题驱动式学习能够激发学生的学习兴趣，使他们更加主动地参与到课堂活动中，从而促进了学习效果的提升。

2.课堂氛围活跃

教学过程中，课堂氛围更加活跃。学生通过讨论、合作解决实际问题，积极参与到课堂讨论和交流中，促进了师生之间的互动与沟通，有利于教学效果的提高。

3.综合能力提升

通过解决实际问题，学生不仅提高了专业技能，还培养了团队合作、问题解决等综合能力。这些能力对于他们未来的就业和职业发展具有重要意义，有效提升了教学效果和学生的综合素质。

以上措施和评估结果表明，问题驱动式学习方法在某高职院校机械制造专业课程教学中取得了良好的效果，有助于提高教学质量和学生的学习积极性，培养出更加适应现代工业需求的高素质技术人才。

三、多元评价方式案例

（一）案例背景

高等职业教育作为培养实用技能和专业知识的关键领域，在日益快速变化的社会和经济环境中面临多重挑战。其中，评价机制作为确保教育质量的重要环节一直备受关注。传统的评价方式主要以理论考核为主，往往忽视了学生实践能力和创新思维的培养，这与职业教育的核心目标存在明显脱节。近年来，"教考分离"的理念逐渐被提出，旨在通过分离教学与考核、引入多元化评价机制，全面评估学生的综合能力，促进教育模式的创新，提高教育质量和社会适应性。然而，如何有效实施这一理念，建立与之相适应的评价体系，仍是需要深入探讨和实践的课题。

某职业院校的建筑设计专业作为高等职业教育的重要组成部分，也面临着评价机制的挑战。在传统教学模式下，学生的学习成果主要通过理论考核来评价，忽视了对实践能力和创新思维的培养。此外，考核方式的单一性也限制了学生发挥创造力和实践能力的空间。在建筑设计专业中，学生需要具备的不仅是理论知识，更需要掌握实践操作技能以及创新设计能力。然而，传统的考核方式难以全面评价学生的综合能力，无法有效衡量学生在实践项目中的表现和创新成果。

（二）改革措施

1. "教考分离"理念概述

"教考分离"理念作为近年来教育改革的一个重要方向，旨在解决传统教育中教学与考核相互绑定的问题，从而实现教育质量的全面提升。这一理念的核心在于突破传统的教学模式，使教学过程更加注重学生能力的培养和知识的深入理解，而不是仅仅注重应试技巧的训练。通过分离教学活动和评价考核，教育机构可以更好地适应学生个性化的学习需求，灵活调整教学方法，从而更有效地激发学生的学习兴趣和创造力。

关键在于改变传统的考核方式，将其由单一的笔试转向更多元化的评价方式，例如项目实践、口头报告、团队合作等。这些评价方式更能够全面反映学生的综合素质和实际能力，促使学生在学习过程中更加注重实际操作能力和创新思维的培养。此外，教育机构也需要重视教学内容和教学方法的创新，以适应这种多元化评价方式的需求，从而更好地培养学生的批判性思维、问题解决能力和终身学习能力。

从教育质量的角度来看，"教考分离"理念的实施有助于提高教育的实效性和实践性，使学生更好地适应社会发展的需要。学生不再仅仅停留在知识的传授层面，而是通过实践活动和多元化评价方式，培养出更全面、更实用的能力和素质。这种改革使得教育更加贴近实际需求，为学生未来的职业发展提供了更加有力的支持。

2. 现行高等职业教育评价机制的问题

（1）评价方法单一

在现行高等职业教育评价机制中，最显著的问题之一是评价方法的单一性。这种单一性主要体现在过度依赖书面考试和理论知识的评估，而忽略了学生实践技能和综合素质的全面考量。这样的评价方式往往导致教学内容过于理论化，缺乏与实际工作场景的紧密联系，从而使得学生在完成学业后往往难以迅速适应职业环境的要求。此外，单一的评价方法也限制了学生创新能力和批判性思维的培养，因为这类能力很难通过传统的书面考试充分展现和评价。由于评价机制对教学内容和方式具有指导作用，单一的评价方法还可能导致教学活动的单调和教师教学方式的僵化，不利于激发学生的学习兴趣和主动性。这种评价方法的单一性还可能造成学生对知识的浅层理解，而非深入掌握和灵活应用。在高等职业教育中，学生的职业技能和实践能力是非常关键的，但如果评价标准主要聚焦于理论知识，那么学生在学习过程中可能会忽视对实践技能的培养。此外，这种评价方式也不利于学生个性化发展的需求，因为它往往忽略了学生的个人兴趣和特长，不能为不同学生提供个性化的评价和指导。这样的结果不仅降低了教育的有效性，还可能减弱学生的学习动力，限制他们未来职业发展的潜力。

（2）忽视技能培养

高等职业教育评价机制中的另一大问题是对技能培养的忽视，这在很大程度上影响了职业教育的核心目标和效果。当前的评价体系过分强调理论知识的掌握，而未能充分重视和评估学生的实际操作技能和职业技术能力。这种偏差导致了学生在学习过程中可能会过度关注理论知识的积累，而忽视了技能的实际应用和实践训练。由于评价标准缺乏对实际技能的考察，学生往往缺乏足够的动力和机会去培养与职业紧密相关的技能，如操作技术、实验技能和行业特定技术等。这不仅限制了学生在学校学习期间的技能发展，也影响了他们毕业后快速融入工作环境的能力。忽视技能培养还可能导致学生在解决实际工作中的问题时缺乏必要的能力和经验。在高等职业教育中，实践技能的培养至关重要，它直接关系到学生未来在职业领域的表现和发展。然而，当评价机制未能有效地反映这一点时，教学内容和方式可能会偏离职业教育的实际需求，导致学生在面对真实工作挑战时显得力不从心。

（3）评价缺乏灵活性

在高等职业教育评价机制中，缺乏灵活性是一个显著的问题，这给教育体系带来了诸多挑战，限制了其适应多样化学生需求和快速变化职业市场的能力。这种缺乏灵活性主要表现在评价标准和方法的僵化，无法对不同学生的特点和需求进行个性化的调整。由于大多数评价体系采用统一的标准，忽视了学生之间在学习风格、兴趣和能力上的差异，导致教育过程中难以充分发挥每个学生的潜力。这种情况下，学生可能因为无法找到适合自己的学习方式而感到挫败和失望。

另外，评价机制往往难以及时反映行业的最新要求和发展趋势，这在职业教育中尤为重要。职业教育需要紧密跟随行业变化，以培养符合市场需求的人才。然而，缺乏灵活性的评价机制往往束缚了教育机构更新教育内容和调整教学方法的能力，使得教育内容和方法难以适应社会和技术的快速发展。这可能导致教育与职业市场之间的脱节，使得学生在就业市场上面临挑战。

评价机制的僵化也可能影响学生的参与和创新动力。当评价方式不能全面反映学生的实际能力和学习成果时，学生可能会感到失望和不满，从而减少他们对学习的积极性和投入度。这可能导致学生对教育过程产生抵触情绪，降低他们的学习动力和自我发展的意愿。

3.实施"教考分离"下的高等职业教育多元化评价机制的策略

（1）创新教学模式

在实施"教考分离"下的高等职业教育多元化评价机制中，创新教学模式成为一项至关重要的策略。这种创新首先需要转变传统的以教师为中心的教学模式，即以学生为中心，强调学生的主动学习和参与。在这种模式下，教师的角色将从单纯的知识传授者转变为引导者和协助者，致力于为学生提供必要的支持和资源，促进他们的自主学习和发展。这样的教学模式能够更好地激发学生的学习兴趣和动力，培养他们的批判性思维和问题解决能力。

另外，创新教学模式还要求教学内容与行业的实际需求和最新发展紧密相连。这意味着教育机构需要不断更新课程内容，确保学生所学知识和技能能够与市场需求保持一致。为了实现这一目标，教师们需要积极了解行业的最新趋势和需求，并将其融入教学中，以确保学生毕业后具备与时俱进的专业知识和技能。

创新教学模式还包括采用多样化的教学方法。例如，项目式学习、案例研究和模拟实训等方法，这些方法能够更好地模拟真实工作环境，提供学生实际操作和解决实际问题的机会。通过这些方法，学生可以在实践中学习和应用理论知识，从而提高他们的实践能力和职业技能。此外，鼓励学生参与研究项目和实习活动，以增强他们的实践经验和职业技能。这样的实践机会不仅可以提高学生的学习动力和参与度，还能让他们更好地了解职业领域的真实情况，为未来的职业生涯做好准备。

教育机构还应该加强与行业的合作，邀请行业专家参与课程设计和教学活动。这种合作可以确保教学内容和方法能够反映行业的最新需求和标准，并为学生提供更多了解行业和接触实际工作的机会。同时，教育机构还应该利用现代信息技术，如在线学习平台和虚拟仿真技术，提供学生更多样化和灵活的学习方式，使学习更加高效和便捷。通过这些创新教学模式的实施，高等职业教育可以更好地满足学生和社会的需求，促进学生的全面发展和职业成功。

（2）提升教师能力

提升教师能力是实施"教考分离"下高等职业教育多元化评价机制的重要环节。这一策略的核心在于加强教师的专业培训和发展，确保他们能够适应新的教学和评价要求。首先，教师应接受关于新教学法和评价方法的培训，比如项目式学习、案例教学和实践指导等，这些方法能够帮助学生更好地理解和应用知识。同时，教师还需要了解当前行业的最新动态和技术发展，以保证教学内容的时效性和实用性。此外，鼓励教师参与教育研究和行业交流，以提升他们的专业知识和教学技能。教育机构应为教师提供持续的专业发展机会，如定期的研讨会、工作坊和进修课程，以及鼓励教师参与国内外的学术交流和合作项目。

（3）建立反馈系统

建立一个有效的反馈系统对于实施"教考分离"下的高等职业教育多元化评价机制至关重要。这样的系统不仅可以帮助教育机构及时了解教学活动的效果和影响，还能够为教学内容和方法的调整提供重要参考，以确保教育质量与市场需求的同步。

学生反馈是反馈系统的重要组成部分之一。学生是教育活动的直接参与者和受益者，他们的反馈可以提供有价值的信息，帮助教师和教育机构了解学生对于教学方法、课程内容和评价方式的看法和体验。通过定期收集学生的反馈意见，教育机构可以总结教学中存在的问题和不足之处，并及时进行调整和改进。例如，学生可以就课程设置是否符合实际需求、教学方法是否有效、评价方式是否公平等方面提出建议和意见，这些反馈将有助于提高教学质量和学生满意度。

教师反馈也是反馈系统中不可或缺的一部分。教师作为教学活动的组织者和实施者，他们对于课程设计、教学资源和教学效果有着独特的见解和经验。因此，收集教师的反馈意见可以为教学改进提供重要参考。教师可以就课程设置的合理性、教学方法的有效性、学生表现的情况等方面提出建议和反馈，帮助教育机构更好地了解教学过程中存在的问题，并采取相应措施加以改进。

此外，还应该建立与行业专家的反馈机制。行业专家具有丰富的实践经验和行业内部的最新信息，他们可以就教学内容与实际职业需求之间的契合度、学生所掌握的技能与行业标准之间的差距等方面提供宝贵意见。通过与行业专家的合作与交流，教育机构可以及时了解行业的最新需求和趋势，调整教学内容和方法，确保教育质量与市场需求保持一致。

（三）效果评估

随着社会和经济的快速发展，高等职业教育面临着日益严峻的挑战和广阔的发展机遇。在这样的背景下，实施"教考分离"理念和多元化评价机制被视为高等职业教育改革的关键举措之一，将在未来的教育实践中发挥着至关重要的作用。

第一，通过实施"教考分离"的理念，高等职业教育将更加注重学生实践能力的培养。传统的教育模式往往偏重于理论知识的传授，而忽视了学生的实际操作能力。多元化评价机制将鼓励学生参与到各种实践活动中，如项目实践、实习实训等，从而更好地培养学生的动手能力、创新能力和解决问题的能力。这种以实践能力为核心的教育理念，将有助于使学生更好地适应未来职业发展的需求，提高其在工作岗位上的竞争力。

第二，多元化评价机制将使评价标准更加灵活，能够更全面地反映学生的实际能力和学习成果。传统的教育评价往往过于侧重笔试考核，忽视了学生在实际操作、团队合作、创新能力等方面的表现。多元化评价机制将采用多种评价方式，如项目评估、实习成绩、课堂表现等，从不同维度全面评价学生的学习情况，更能够客观、公正地反映学生的综合能力。

第三，实施"教考分离"和多元化评价机制将促进教育模式的创新和教学方法的不断探索。教育机构将更加注重教学内容和教学方法的创新，积极探索适合现代职业教育的新型教学模式，如问题驱动式学习、项目式学习等。这将有助于激发学生的学习兴趣和创造力，提高教育的实效性和实践性。

最后，随着技术的不断进步和社会需求的不断变化，高等职业教育体系将继续探索更加有效的教学方法和评价标准。教育机构需要密切关注行业的发展趋势和技术的变化，及时调整教学内容和教学方法，以培养更加适应未来社会需求的创新型、应用型人才。这样的教育体系将为社会的持续发展和进步做出重要贡献，为新时代的职业教育事业注入新的活力和动力。

第四章 教学资源建设与"三教"改革

第一节 教材开发与优化

一、教材开发的目的和意义

教材开发在职业教育中具有重要的目的和意义。通过对教材开发模式的研究和总结，我们可以看到其在满足教学需求、促进学生学习、提升教育质量等方面发挥着关键作用。具体如图 4-1 所示。

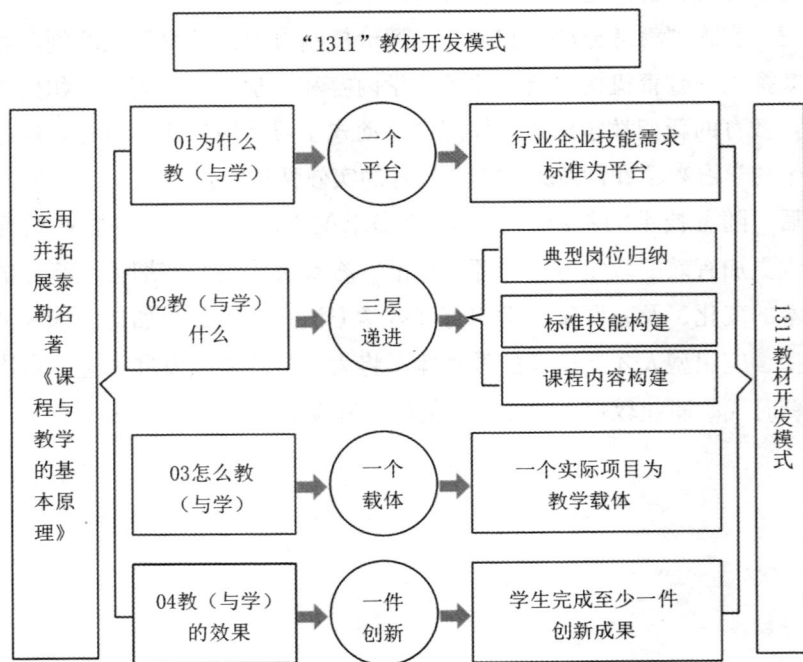

图 4-1 "1311"教材开发模式

首先，教材开发的目的在于解决"为什么教（与学）"的问题。传统的教材开发往往只关注教学内容和方法，而忽略了教学的目的和意义。新型教材开发模式通过深入研究行业企业技能需求标准、明确教学的目标和导向，使教材开发更加贴近实际需求、更具针对性和实用性。

其次，教材开发的意义在于回答"教（与学）什么、怎么教（与学）"的问题。通过建立一个平台，以行业企业技能需求标准为基础，三层递进地构建教材内容，从典型岗位归纳、标准技能构建到技能知识教材内容构建，确保教学内容的全面性和系统性，使学生能够掌握实际工作所需的知识和技能。

第三，教材开发的目的在于解决"如何评价教（与学）的效果"的问题。通过以一个实际项目为载体贯穿整个课程内容，要求学生学完后能至少完成一件创新成果，教材开发模式将学习和实践相结合，为评价教学效果提供了有力支撑。这种以项目为导向的教学方式，能够更好地激发学生的学习兴趣和创造力，提高他们的实际操作能力和解决问题的能力。

二、新型教材开发的基本要求

2019年1月24日，国务院印发《国家职业教育改革实施方案》（以下简称"职教20条"），明确提出"建设一大批校企'双元'合作开发的国家规划教材，倡导使用新型活页式、工作手册式教材并配套开发信息化资源。每3年修订1次教材，其中专业教材随信息技术发展和产业升级情况及时动态更新"。开发专业教材，要依据教学标准，对接行业标准、职业标准和岗位规范，选择实用的知识技能内容。坚持"动态开发"的原则，与时俱进地更新教材内容，确保职业院校教材内容"够新"。活页式、工作手册式教材作为新型教材的主要呈现形式，应凸显教材学习内容与企业岗位的同步性，实现学生学习过程与企业实操过程的一致性，解决学习内容与实际操作严重脱节的问题；突出学生学习目标的需求导向、学习内容的工作任务导向，为学生完成某项工作任务或项目提供具体明晰的步骤和方法；突出开发编写的校企"双元"主体、教材使用的学生本位、教材功能的动态生成等类型特征，将新技术、新工艺、新规范及时融入教材；突出教材与信息化资源的完美结合，构建"处处可学、时时能学、人人乐学"的学习氛围，提升学生的学习兴趣，使教师教得轻松、学生学得愉快。据此，职业院校新型教材应体现类型教育、坚持立德树人、对接教学标准。

（一）体现类型教育，彰显职教特色

职业教育的独特性在于其聚焦于培养学生的实用技能和职业素养，以满足市

场需求和行业发展的需要。在新型教材开发中，体现类型教育的要求至关重要，这意味着教材应当紧密围绕职业培养目标展开，彰显职业教育的特色。首先，教材的设计思路应注重校企"双元"合作，将企业实践需求和职业技能标准融入教学内容中，确保教学与实践的紧密对接。其次，教材的体例格式应以学生为中心，以学习成果为导向，采用活页式、工作手册式的形式，使学生能够更加便捷地获取知识和技能。再次，教材的开发逻辑应与职业标准和岗位规范紧密结合，将工作任务转化为项目，使学生在学习过程中能够获得与实际工作岗位相匹配的能力和素养。最后，教材的呈现形式应注重实用性和可操作性，采用简洁生动的文字叙述、新颖形象的图表、丰富生动的图片，以及科学便捷的信息化资源，使学生能够更加轻松愉快地进行学习。

（二）坚持立德树人，落实课程思政

职业教育的本质之一是立德树人，培养德智体美全面发展的社会主义建设者和接班人。因此，在新型教材的开发中，要充分体现思想政治教育的重要性，将思政元素与教材内容有机融合，为学生的思想道德建设提供有力支撑。首先，教材应融入新时代中国特色社会主义思想和社会主义核心价值观，引导学生树立正确的世界观、人生观和价值观。其次，教材应弘扬中华优秀传统文化，弘扬劳模精神、劳动精神和工匠精神，培养学生的爱国情怀和社会责任感。最后，教材还应贯彻立德树人的办学宗旨，注重培养学生的社会责任感、创新意识和团队精神，使学生在学习过程中不断提升自身的综合素质和职业能力。

（三）对接教学标准，实现课证融通

教学标准是职业教育教学的基础和依据，对于确保教育质量和培养目标的达成至关重要。因此，在新型教材的开发中，要紧密对接教学标准，实现课程内容与教学要求的有机融合，为学生提供科学、系统的学习指导。首先，教材应基于教学标准的再创作，将标准中的要求转化为教学内容和学习任务，确保教材内容与标准要求相一致。其次，教材应面向国家发展战略和新兴产业发展对接，将教学内容与当前产业需求和发展趋势相契合，从而使学生所学知识和技能具有实际应用的时效性和适用性。在实现课程思政的过程中，教材应不断强化对学生的思想政治教育，引导学生树立正确的人生观、世界观和价值观，培养他们的社会责任感和家国情怀。同时，教材还应弘扬社会主义核心价值观，传承和发扬中华优秀传统文化，培养学生的良好道德品质和社会公德心。通过将教学内容与国家战略、行业标准、职业技能等级证书标准相结合，实现课证融通，教材能够更好地

满足学生的学习需求，帮助他们在未来的职业生涯中取得更好的发展。

三、教材开发的策略与方法

在教材开发过程中，需要采用系统化、科学化的策略和方法。

（一）调研行业发展趋势和职业需求

1. 系统化的调研方法

（1）文献资料的收集与分析

通过查阅相关行业报告、学术期刊、政府文件以及专业书籍等文献资料，系统地了解行业的发展历史、现状和趋势。这种方法可以为教材开发提供丰富的理论依据和实践案例，帮助教材内容与行业发展保持同步。

（2）专家访谈

与行业内的专家学者、企业领导、技术工作者等进行面对面的访谈交流，获取他们对行业发展趋势和职业需求的观点和看法。通过与专家的沟通，可以深入了解行业的最新动态和前沿技术，为教材开发提供权威指导和建议。

（3）行业调查

开展针对性的调查问卷或实地调研，直接了解行业从业者和学生对教育教学的需求和期望。通过调查结果分析，可以发现行业的热点问题和未来发展方向，为教材内容的编写和优化提供实用性建议和参考。

2. 聚焦目标群体

（1）不同年级、专业和学习背景的学生群体

针对不同年级、专业和学习背景的学生群体，分别进行调研和分析，了解其学习需求和水平特点。例如，针对初学者的教材可能需要更加基础和系统的内容，而针对高级学习者则需要更加深入和专业的知识。

（2）确定教材编写方向和内容框架

根据目标群体的特点和需求，确定教材的编写方向和内容框架。例如，针对某一特定职业领域的学生，可以将教材内容更加聚焦于相关的专业知识和实践技能，以提高教学的针对性和实用性。

3. 把握行业动态

（1）密切关注新技术、新政策、新标准等方面的变化

及时了解行业的最新动态和发展趋势，包括新出台的政策法规、行业标准的更新、技术创新的突破等。这有助于调整教材内容，确保其与行业发展保持同

步，提高教材的前瞻性和实用性。

（2）及时调整教材内容

根据行业动态的变化，及时调整和更新教材内容。例如，针对新出现的技术或工艺，可以新增相关的知识点和案例分析；针对新出台的政策法规，可以调整相关的教学内容和案例讨论，以确保教材的权威性和时效性。

（二）更新和优化教材内容

1.引入最新成果

（1）与行业专家的交流合作

教材开发团队可以积极与行业内的专家学者、技术领域的专业人士进行合作与交流。这种合作可以通过专家讲座、研讨会、学术会议等形式进行，以获取最新的行业动态、理论成果和实践经验，并将其应用于教材内容的更新和优化之中。

（2）参与相关项目和研究

教材开发团队可以积极参与相关的科研项目和实践项目，在实践中深入了解行业的最新发展趋势和技术应用。通过项目研究，可以获取实践经验并将其转化为教材内容，保持教材的前沿性和实用性。

2.保持前沿性

（1）及时调整教学大纲和课程设置

随着行业发展的变化，教学大纲和课程设置需要及时调整，以确保教学内容与行业的最新要求和学生的需求保持一致。教材开发团队应密切关注行业的发展动态，定期评估教学大纲和课程设置的有效性，并根据需要进行调整和优化。

（2）引入最新案例和实例

教材内容的更新和优化应充分反映行业的最新发展趋势和实践经验。引入最新的案例分析和实例说明，可以帮助学生更好地理解和应用所学知识，提高教材的前沿性和实用性。

3.注意可读性和易学性

（1）使用生动、通俗易懂的语言

教材内容应采用生动、通俗易懂的语言，避免使用过于专业化或晦涩难懂的术语和表达方式。这有助于提高学生的学习兴趣和主动性，促进他们对知识的理解和掌握。

（2）结合案例分析和实例说明

教材内容的更新和优化可以通过结合具体的案例分析和实例说明来实现。这些案例和实例可以是真实的行业案例或学习情境，帮助学生将抽象的理论知识与实际情境相结合，提高他们的学习效果和能力。

（三）注重教学实践和应用

1.强调实践导向

（1）引入案例分析

教材开发应注重引入具有代表性的案例分析，让学生通过分析真实的案例来理解理论知识在实践中的应用。这些案例可以是来自行业实践的真实案例，也可以是教师根据学生学习需求设计的虚拟案例，帮助学生更好地理解理论知识的实际应用场景。

（2）提供实例说明

除了案例分析，教材开发还应提供丰富的实例说明，让学生通过具体的实例了解理论知识在实际操作中的运用方式。这些实例可以是行业内的典型操作流程、实际问题的解决方案等，通过实例说明，学生可以更直观地理解知识的实际应用方法。

（3）模拟操作环境

为了让学生更好地掌握实践技能，教材开发可以设计模拟操作环境，让学生在模拟的实际场景中进行操作练习。这一点可以通过虚拟仿真技术、实验设备模拟等方式实现，提高学生的实际操作能力和应用能力。

2.注重问题解决能力培养

（1）设置问题情境

教材内容应设置具有挑战性的问题情境，激发学生的思维和探索欲望。这些问题情境可以是真实的行业问题或学习任务，要求学生通过分析、思考和解决问题来运用所学知识。

（2）提供解决方案

在教材中提供问题解决方案的参考，帮助学生理解问题的解决思路和方法。这些解决方案可以是教师提供的示范答案，也可以是学生通过合作讨论和自主探索得出的解决方案，引导学生学会独立思考和解决实际问题的能力。

（3）引导分析思考

教材开发应引导学生进行问题分析和思考，培养其分析、判断和决策能力。

通过提出问题、引导思考和讨论，激发学生的学习兴趣和主动性，增强其问题解决能力和创新意识。

3. 实践教学结合

（1）设计实践性教学任务

教材内容应设计实践性的教学任务和项目，让学生在实践中运用所学知识和技能。这些任务和项目可以是与行业合作的实际项目，也可以是模拟的实践场景，通过完成这些任务，学生可以提高实际操作能力和解决问题的能力。

（2）强调理论与实践的统一

教材开发要求教学内容既注重理论知识的传授，又强调与实践的紧密结合。通过理论教学和实践操作相结合的教学方式，促进学生对知识的理解和应用能力的提升，使其能够在实际工作中灵活运用所学知识。

第二节　在线课程资源的开发与应用

一、在线课程资源的重要性和作用

（一）满足学生多样化学习需求

在线课程资源的重要性在于其能够满足学生多样化的学习需求。传统的课堂教学往往采用统一的教学方式和节奏，无法满足不同学生的个性化学习需求。然而，通过在线课程资源，学生可以根据自己的学习风格和喜好，选择最适合自己的学习方式。有些学生可能更喜欢通过阅读材料进行学习，有些学生可能更喜欢通过观看视频课程或参与在线讨论来学习。在线课程资源为学生提供了丰富多样的学习资源和学习工具，使他们能够根据自己的学习偏好和需求进行个性化学习，提高学习效果。

（二）打破时间和空间限制

1. 灵活的学习时间安排

在线课程资源的作用之一是打破时间和空间的限制，使学习变得更加灵活和便捷。传统的课堂教学需要学生按照固定的时间和地点到达教室进行学习，而在线课程资源则可以让学生根据自己的时间安排进行学习。这种灵活性使得学生能够更好地安排自己的学习时间，根据自己的学习节奏进行学习，提高学习的效率和质量。

2. 克服地域限制

除了时间限制外，在线课程资源还可以克服地域限制。传统的课堂教学往往需要学生前往学校或教室进行学习，而在线课程资源则可以让学生在任何地点进行学习，只要有网络连接就可以。这种灵活性使得学生不再受到地域的限制，可以随时随地进行学习，为那些无法前往学校或教室的学生提供了更加便利的学习机会。

（三）提高教学效率和质量

1. 丰富多样的教学资源

在线课程资源的使用可以提高教学效率和质量。教师可以通过在线平台向学生提供丰富多样的教学资源，包括视频、音频、互动课件等，使学生能够更加直观地理解和掌握知识。在线课程资源还可以为学生提供更多的学习资源和学习工具，帮助他们更好地完成学习任务和提高学习成绩。

2. 实时监控和评估学生学习情况

在线课程资源的另一个优势是能够实时监控和评估学生的学习情况。通过在线平台，教师可以追踪学生的学习进度、参与度和理解程度，及时发现学生的学习问题并采取相应的教学措施。例如，教师可以通过在线测验和作业对学生的学习情况进行评估，及时发现学生的薄弱环节和错误认识，帮助他们及时纠正并加强学习。此外，教师还可以通过在线讨论和交流平台与学生进行互动，解答学生的疑问，促进学生之间的交流和合作，提高学生的学习效率和学习质量。

3. 个性化学习辅导

在线课程资源还可以为学生提供个性化的学习辅导。通过在线平台，教师可以根据学生的学习情况和需求，提供个性化的学习建议和指导，帮助学生解决学习难题和提高学习能力。例如，教师可以根据学生的学习情况调整教学内容和教学方式，提供针对性的辅导和支持，帮助学生克服学习困难，提高学习成绩。这种个性化的学习辅导能够更好地满足学生的学习需求，提高学生的学习效果和学习满意度。

二、在线课程资源的开发与建设

（一）确定教学目标和学习内容

1. 明确教学目标

在线课程资源的开发应始于明确的教学目标。这些目标应当符合课程设置、学科要求以及学生的实际需求，具体而可衡量，能够指导学生的学习方向和教学过程。教学目标应该包括知识、技能和态度三个方面，旨在促使学生掌握特定的学科知识、发展相关的专业技能，并培养良好的学习态度和价值观。

2. 设计学习内容

针对明确的教学目标，教师应精心设计在线课程的学习内容。这些内容应当有机结合理论知识和实践技能，能够满足教学目标的要求，同时激发学生的学习兴趣和动力。学习内容应当具有层次性和系统性，能够循序渐进地引导学生逐步掌握知识和技能，形成完整的学习体系。

（二）选择适合的教学技术和平台

1. 教学技术的选择

在线课程资源的开发需要选择适合的教学技术。这些技术包括视频制作技术、课件制作技术、网络互动技术等。选择合适的技术手段需要考虑课程的性质、学生的特点以及教学目标。例如，对于需要展示实验操作或操作步骤的课程，可以选择视频制作技术；对于需要进行理论知识讲解或案例分析的课程，可以选择课件制作技术。

2. 在线平台的选择

在选择适合的在线平台进行课程发布和管理时，需要考虑平台的稳定性、用户友好性和功能完善性。这些平台应当能够支持多种教学资源的上传和管理，包括视频、文档、作业等，同时还应提供学生的互动和反馈功能，如在线讨论、在线测验等。常见的在线平台包括 Moodle、Blackboard、Canvas 等，教师应根据实际情况选择合适的平台进行课程开发和管理。

（三）注重课程的多样性和灵活性

1. 多样化的课程设计

在线课程资源的开发应注重课程的多样性和灵活性。针对不同学科和专业的课程特点和需求，教师应灵活设计和开发多样化的课程内容和学习活动。例如，可以结合案例分析、实验演示、讨论论文等多种教学方法，丰富课程内容，提高学生的学习兴趣和参与度。

2. 灵活的学习任务和活动

为了满足学生的学习节奏和学习风格，在线课程资源应设计灵活多样的学习任务和活动。这些任务和活动能够吸引学生的注意力，激发其学习兴趣，提高学习的效率和质量。例如，可以设置在线讨论、小组项目、个人作业等多种形式的学习任务，让学生通过互动和合作实现共同的学习目标。

三、在线课程资源的应用与评价

（一）充分发挥在线课程资源的优势

1. 教学资源多样化

在线课程资源的应用需要充分发挥其优势，其中之一是教学资源的多样化。教师可以结合传统教学和在线教学相结合，利用在线平台发布多种形式的教学资源，如视频讲解、课件演示、在线测验等。这样的多样化教学资源能够满足不同学生的学习风格和需求，提高教学的灵活性和效果。

2. 学习互动与合作

在线课程资源的应用也能够促进学生之间的学习互动与合作。通过在线平台，学生可以参与到各种形式的学习活动中，如在线讨论、小组项目、共同编辑文档等。这种学生间的互动与合作能够促进知识的共享和交流，激发学生的学习兴趣和动力，提高学习效果和质量。

3. 灵活性和自主学习

在线课程资源的应用还能够提供更多的学习自主性和灵活性。学生可以根据自己的学习节奏和学习风格，选择适合自己的学习时间和地点，自主学习和管理学习进度。这种自主学习的方式有助于激发学生的学习兴趣和动力，提高学习的效率和质量。

（二）建立完善的评价体系

1. 学习成绩评估

在线课程资源的应用需要建立完善的评价体系，其中之一是学习成绩评估。教师可以通过在线平台对学生的学习成绩进行定期评估和监控，包括作业成绩、考试成绩等。通过学习成绩的评估，教师可以了解学生的学习情况，及时发现学生的学习问题并采取相应的教学措施，提高教学的针对性和有效性。

2. 学习进度监控

除了学习成绩评估外，还需要对学生的学习进度进行监控。通过在线平台，教师可以了解学生的学习进度，包括课程进度、作业提交情况等。及时了解学生的学习进度有助于教师调整教学内容和教学方法，提高教学的针对性和有效性，确保教学进程顺利进行。

3. 学习态度反馈

除了学习成绩和学习进度外，还需要对学生的学习态度进行反馈。通过在线平台，教师可以了解学生的学习态度和参与度，包括学生的学习积极性、参与讨论的频率等。了解学生的学习态度有助于教师及时发现学生在学习过程中遇到的问题，采取相应的教学措施，提高学生的学习效率和满意度。

第三节　教学资源库的构建与管理

一、教学资源库构建的意义与目标

（一）构建意义

教学资源库是高等职业教育的重要支撑平台，对于提高教学效率、促进教学改革和提升教学质量具有重要意义。通过构建教学资源库，可以实现以下目标：

1. 集中整合资源

教学资源的分散存储导致教师和学生查找困难，集中整合资源可以解决这一问题。通过建立教学资源库，将分散在不同平台、格式不同的资源统一管理，为教学活动提供便利。

整合后的资源更易于更新和维护。教学资源库可以定期更新资源内容，保持资源的时效性和新颖性，同时提高了资源的质量和可靠性。

2. 提供便捷服务

教学资源库为教师和学生提供了一站式的资源服务平台。他们可以通过简单的检索功能快速找到所需资源，节省了大量的时间和精力。

针对不同需求，教学资源库可以提供个性化的服务。根据用户的角色和需求，定制化资源推送和推荐功能，提高了资源利用效率和满意度。

3. 促进教学创新

教学资源库为教师提供了丰富多样的教学素材和工具。教师可以从中获取灵感，尝试新的教学方法和策略，促进了教学的创新与发展。

共享资源库还可以促进教师之间的合作与交流。教师可以分享自己的优秀教学资源和经验，从他人的资源中获得启发，共同探讨教学问题，推动教学水平的提高。

4.保障资源质量

建立规范的资源管理体系，包括资源采集、审核、发布和更新等环节，可以确保资源的准确性、完整性和及时性。这有助于提高教学效果和学习成果。

合理的资源评估机制可以保障教学资源的质量。通过评估教学资源的教学效果和学习效果，筛选出优质资源，优化资源库的内容，提升整体的教学水平。

（二）构建目标

构建教学资源库的目标包括：

1.整合各类教学资源

在构建教学资源库的过程中，首要目标是整合各类教学资源，以满足教师和学生的多样化需求。

（1）教学课件

教学课件是教学过程中不可或缺的辅助工具，通过图文并茂的方式向学生传达知识点和概念。构建资源库时，需要收集、整理并对各学科、各专业的课件进行分类，确保涵盖各个层次、各个领域的教学内容。

（2）教学视频

教学视频作为一种生动直观的教学资源，能够更好地展示实验操作、案例分析、学科讲解等内容。资源库须收录各类视频资源，并根据学科、专业特点进行分类管理，以便师生随时获取。

（3）教学案例

教学案例是将理论知识与实践经验结合的重要教学资源，能够帮助学生更好地理解和应用所学知识。资源库应收集丰富的教学案例，覆盖不同行业、不同领域的实际问题，并提供详细的案例分析和解决方案。

（4）教学试题

教学试题是检验学生学习成果和教学效果的重要工具，也是帮助学生巩固知识、提高能力的有效途径。资源库收录各类试题资源，包括选择题、填空题、问答题等，涵盖了不同难度和不同类型的试题。

2.提供便捷的资源服务

构建教学资源库的另一个重要目标是为教师和学生提供便捷、高效的资源服务。为实现这一目标，需要做到以下几点。

（1）设计友好的用户界面

资源库的界面应简洁明了、操作便捷，用户能够轻松地进行资源检索、查找和获取。

（2）提供多样化的检索方式

资源库应提供关键词检索、分类检索、标签检索等多种检索方式，以满足用户不同的检索习惯和需求。

（3）支持在线预览和下载

资源库应提供在线预览功能，让用户能够在不下载资源的情况下先行查看内容；同时，也应提供下载功能，方便用户随时随地获取所需资源。

（4）提供个性化的推荐服务

资源库可以根据用户的浏览记录、搜索习惯等个性化信息，向用户推荐相关资源，提高资源的匹配度和利用率。

3.促进教学改革与提质增效

教学资源库不仅是资源的储存和传递平台，更是促进教学改革与提质增效的重要工具。为实现这一目标，须做到以下几点。

（1）鼓励资源共享与交流

资源库应提倡教师之间的资源共享与交流，促进优质教学资源的传播和利用，实现资源的最大化利用。

（2）支持教学方法和内容的创新

资源库中应融入创新教学方法和内容，鼓励教师尝试新的教学策略和工具，以提高教学效果和学习效果。

（3）提供教学评估与反馈机制

资源库可以设立教学评估与反馈机制，收集用户对教学资源的评价和建议，及时调整和优化资源内容和服务，以不断提升教学质量和效率。

二、教学资源库的建设与管理

教学资源库的建设与管理需要经过以下步骤与方法。

（一）明确建设目标

在建设教学资源库之初，必须明确其建设目标和内容范围，以及资源库的定位和功能定位。教学资源库旨在为教师和学生提供丰富多样的教学资源，支持教学活动的开展和学习任务的完成。因此，建设目标应当围绕以下几个方面展开。

1.提供全面的教学资源

包括教学课件、教学视频、实验资料、案例分析、教学活动设计等，覆盖各个学科和专业领域。

2. 支持个性化学习

为学生提供个性化学习的资源选择和学习路径，满足不同学生的学习需求和学习风格。

3. 促进教学创新

鼓励教师利用教学资源库开展教学创新活动，设计新颖的教学方案和教学活动，提升教学效果和学习体验。

同时，需要明确教学资源库的定位和功能定位，确定其在教学过程中的地位和作用。教学资源库既可以作为教学支持平台为教师提供丰富的教学资源和教学工具，又可以作为学习资源共享平台为学生提供便捷的学习资源和学习环境。

（二）资源采集与整合

1. 多途径收集教学资源

为了丰富教学资源库的内容，需要通过多种途径收集各类教学资源。这包括从学校内部、外部合作机构、开放资源平台等获取资源。学校内部的教师和教学团队是教学资源库的重要来源，他们可以贡献自己的教学课件、教学视频、实验资料等资源。与外部合作机构的合作也可以获取到丰富的教学资源，例如行业企业、科研院所等。此外，开放资源平台上的优质资源也是教学资源库的重要补充，可以通过网络搜索和访问获取相关资源。

2. 整合分类教学资源

收集到的各类教学资源需要进行整合和分类，以便教师和学生能够快速准确地检索和获取所需资源。在整合过程中，可以根据资源的类型、学科领域、教学内容等进行分类，建立相应的资源分类体系。同时，还可以根据资源的质量和适用范围进行评估和筛选，确保资源的有效性和可用性。

（三）建立管理体系

1. 健全资源管理制度和体系

为了有效管理教学资源库，需要建立健全的资源管理制度和体系。这包括资源的采集、分类、存储、检索和共享等环节，以及资源的更新和维护等工作。资源管理制度应当明确各项管理流程和责任分工，确保资源库的运行和管理有序、高效。

2. 确保资源的准确性和完整性

在资源管理过程中，需要加强对教学资源的质量控制，确保资源的准确性和完整性。这包括对资源的内容和格式进行审核和检查，保证资源的真实性和可信度。同时，还需要及时更新和维护资源，确保资源的及时性和有效性。

（四）质量控制与版权管理

1.加强对教学资源的质量控制

教学资源库的建设需要加强对教学资源的质量控制。这包括对资源的内容和形式进行审核和评估，保证资源的质量和有效性。在资源的采集和整合过程中，需要严格把关，确保资源的准确性、权威性和可用性。

2.强化版权管理和合规性审核

在教学资源库的建设过程中，需要加强版权管理和合规性审核，保护教学资源的合法权益。这包括对资源的版权归属和使用权限进行审查，确保资源的合法性和规范性。

三、教学资源库的应用与推广

（一）应用方式与途径

1.与教学管理系统相结合

（1）整合资源库与教学管理系统

教学资源库应当与学校的教学管理系统相结合，实现资源的共享和管理。通过将资源库嵌入教学管理系统中，教师和学生可以方便地在系统内进行资源的检索、查找和下载，提高资源的利用效率和便捷性。同时，还可以实现资源的统一管理和维护，确保资源的完整性和更新性。

（2）实现资源共享与信息互通

通过与教学管理系统相结合，可以实现资源的共享和信息的互通。教师可以将自己开发的优质资源上传到资源库中供其他教师和学生使用，学生也可以从资源库中获取所需的学习资料和教学资源以丰富学习内容和提升学习效果。这种资源共享和信息互通的方式有利于促进教学资源的共建共享，提高教学质量和效果。

2.加强培训与指导

（1）教师培训与技能提升

为了提高教师使用教学资源库的能力和意识，需要加强相关的培训和指导。学校可以组织教师培训班和研讨会，邀请专家和资深教师进行培训和经验分享，帮助教师了解资源库的功能和使用方法，掌握资源的上传和下载技能，提高其使用教学资源库的效率和水平。

（2）学生指导与学习指导

除了对教师培进行训外，还需要加强对学生的指导和引导，帮助他们正确使用教学资源库。学校可以开展学生培训课程和导学活动，指导学生如何利用资源库进行学习和作业，培养其自主学习和信息获取的能力。同时，还可以建立学生学习指导中心或在线学习社区，提供学习资源和学习辅导服务，为学生提供更多的学习支持和帮助。

3.纳入课程设计与实践

（1）教学资源库与课程设计

教学资源库应当纳入课程设计和教学实践中，充分发挥其在教学过程中的作用。教师可以根据课程教学目标和学生需求，从资源库中选择合适的教学资源和教学工具，设计丰富多样的教学活动和学习任务，提高教学的针对性和有效性。同时，还可以通过资源库中的案例分析、实例说明等资源，丰富课程内容，激发学生的学习兴趣和主动性。

（2）教学资源库与实践教学

教学资源库也应当与实践教学相结合，支持教学实践和实验教学。教师可以利用资源库中的实验资料和实践指导，设计实践性教学任务和项目，引导学生进行实践操作和实验研究，培养其实际操作的能力和解决问题的能力。同时，还可以通过资源库中的案例分析和实例说明，加强理论与实践的结合，提升学生的综合素养和创新能力。

4.综合应用与评价

（1）教学案例研究与分享

教学资源库的综合应用可以通过教学案例研究和分享来实现。教师可以从资源库中选取相关案例，进行深入研究和分析，并结合自己的教学实践进行分享和交流。这有助于促进教师之间的经验交流和教学方法创新，提高教学质量和效率。

（2）学习成果展示与评价

学生的学习成果展示和评价也是教学资源库综合应用的重要环节。学生可以利用资源库中的教学资源开展学习项目和作品创作，并将成果展示在资源库中，供其他学生和教师参考和借鉴。同时，学校可以建立学生学习成果评价体系，对学生的学习成果进行评价和监控，激励学生积极参与学习活动，提高学习效果和学习质量。

（3）教学效果评估与改进

最后，教学资源库的综合应用还需要进行教学效果评估和改进。学校可以通过定期的教学效果评估和学生反馈调查，收集教学资源库使用情况和效果反馈，发现问题和不足之处，并及时调整和改进资源库的内容和功能，提高其适用性和实用性。同时，还可以根据评估结果对教师和学生进行培训和指导，进一步提升其使用教学资源库的能力和水平。

（二）推广策略与措施

1.积极宣传推广

（1）制定宣传计划

教学资源库的推广需要制定详细的宣传推广计划，包括确定宣传目标、对象、内容和渠道等。根据教学资源库的特点和优势，设计宣传策略，明确宣传重点和关键信息，以确保宣传效果的达成。

（2）利用多种渠道

要利用多种渠道进行宣传推广，包括学校官网、校园电视、校园广播、校园海报、社交媒体等。通过校园内外的宣传媒介，向师生宣传教学资源库的建设成果和应用效果，引导他们关注和使用。

（3）开展宣传活动

还可以组织相关的宣传活动，如推介会、培训讲座、体验活动等，邀请专家和资深用户分享经验和案例，展示教学资源库的优势和价值，吸引更多的师生参与和关注。

2.培训推广人员

（1）建立推广团队

建立专业的推广团队，包括教师、技术人员、宣传人员等，负责教学资源库的推广工作。通过培训和指导，提高推广人员的专业素养和推广技能，确保推广工作的顺利进行。

（2）开展培训活动

组织相关的培训活动，包括推广技巧培训、资源库使用培训、宣传素材制作培训等，帮助推广人员掌握推广方法和技巧，提高其推广效率和质量。

（3）建立激励机制

建立激励机制，对推广人员进行奖励和表彰，激发其推广教学资源库的积极性和主动性。同时，还可以建立推广成果考核体系，对推广效果进行评估和监控，及时调整和改进推广策略。

3.建立反馈机制

（1）设立用户反馈渠道

建立用户反馈渠道，包括在线反馈平台、意见信箱、用户调查等，方便用户提出意见和建议。同时，还可以设立专门的客服团队，及时回复用户反馈，解决用户遇到的问题和困难。

（2）收集用户反馈信息

定期收集用户的反馈信息，包括对教学资源库的使用体验、功能需求、改进建议等，建立用户反馈数据库。根据用户反馈信息，及时调整和改进教学资源库的内容和功能，提高用户满意度和使用体验。

（3）定期评估和改进

定期对教学资源库的推广效果进行评估和监控，分析用户反馈的信息，发现问题和不足之处，并及时调整和改进推广策略和措施。通过持续地改进和优化，提高教学资源库的推广效果和影响力，促进其在教育教学中的应用和发展。

第四节　教学资源建设与应用案例分析

一、案例一：XXX职业院校在线课程资源建设与应用

（一）背景介绍

XXX职业院校是一所以提供职业教育为主要任务的学校，在信息技术与网络教育迅猛发展的大背景下，该校深刻认识到这种发展对教学方式与手段带来的深刻影响。随着社会的进步和科技的不断革新，传统的教学模式已经无法满足学生多样化的学习需求。因此，学校着手开展在线课程资源建设工作，这一决定不仅是对传统教学模式的创新，更是为了适应时代发展的需要。

作为一所具有丰富教学内容的学校，XXX职业院校拥有多个专业领域的教学内容，这些内容覆盖了广泛的行业和领域。学校意识到在线课程资源的重要性，不仅可以拓展教学内容的广度和深度，更可以为学生提供更为灵活、便捷的学习方式。通过在线课程资源的建设，学校希望能够打破传统教学的时间和空间

限制，让学生可以随时随地进行学习，满足他们多样化的学习需求。

在线课程资源建设的目标是为学生提供高质量、多样化的学习资源，使其能够以更加自主、灵活的方式进行学习。这种建设不仅需要整合学校现有的教学资源，还需要借助先进的教学技术和平台，开发出符合学科特点和学生需求的在线课程资源。因此，XXX 职业院校着手这项工作，希望能够为学生提供更为丰富、便捷的学习体验，促进他们的综合素质和职业能力的提升。

（二）建设内容

在线课程资源的建设是 XXX 职业院校教学改革的重要一环，其内容丰富多样，涵盖了各个专业领域的教学内容。这些资源的开发得到了教育技术团队的积极参与和支持，具体包括以下几个方面的内容：

1. 课程视频

学校开发了一系列高质量的课程视频，涵盖了各个专业领域的重要知识点和教学内容。这些视频由专业教师录制，内容生动形象，能够直观地展示教学内容，帮助学生更好地理解和掌握知识。同时，视频制作采用了先进的技术和设备，确保了视频的清晰度和流畅度，提高了学习效率。

2. 互动课件

除了课程视频外，学校还开发了丰富多样的互动课件，用于辅助教学和学习。这些课件包括 PPT、动画演示、交互式练习等，具有良好的视觉效果和交互性，能够吸引学生的注意力，促进他们积极的参与和思考。通过互动课件，学生可以在课堂上更加活跃地参与讨论和互动，提高了教学的趣味性和效果。

3. 在线作业

为了加强学生的学习和知识的巩固，学校还开发了一系列在线作业。这些作业涵盖了各个知识点和技能要求，既有选择题、填空题等基础题型，也有案例分析、实践操作等应用题型，能够全面考查学生的学习成果和能力。通过在线作业，学生可以在课后进行自主学习和复习，帮助他们更好地巩固和提高所学知识。

这些在线课程资源的开发是 XXX 职业院校教学工作的重要组成部分，它们丰富了教学形式，提升了教学效果，为学生提供了更为灵活和便捷的学习方式。同时，这些资源的建设也为教师的教学提供了有力支持，使他们能够更加有效地开展教学工作，促进学生的学习和成长。

（三）应用效果

在线课程资源的应用在 XXX 职业院校教学中产生了显著的效果，主要体现在以下几个方面。

1.课堂教学与网络教学的有机结合

教师们能够灵活运用在线课程资源，实现了课堂教学与网络教学的有机结合。他们在课堂上可以通过播放课程视频或使用互动课件等在线资源，激发学生的学习兴趣，引导他们主动参与教学活动。同时，教师还可以根据学生的学习情况及时调整教学策略，使教学内容更贴近学生的实际需求，提高了课堂教学的效果和效率。

2.个性化学习体验的提供

在线课程资源的应用为学生提供了个性化的学习体验。学生们可以根据自己的学习进度和学习需求，在任何时间、任何地点通过在线平台获取教学内容，实现了学习的便捷性和灵活性。而且，这些资源形式多样、内容丰富，学生可以根据自己的喜好和学习方式选择合适的资源进行学习，提高了学习的自主性和积极性。

3.学习情况监控与教学策略调整

在线平台提供了学生学习情况的监控和评估功能，教师可以随时了解学生的学习进度和学习情况。通过对学生的学习数据进行分析，教师可以及时发现学生在学习过程中遇到的困难和问题，针对性地调整教学策略，采取更有效的教学方法，帮助学生解决学习难题，提高了教学的针对性和效果。

综上所述，XXX 职业院校在线课程资源的应用在教学中取得了显著的效果，不仅促进了课堂教学与网络教学的融合发展，提升了学生的学习体验和学习效果，还为教师的教学提供了有力的支持，促进了教学质量的提高。

二、案例二：XXX 教学资源库建设与管理实践

（一）背景介绍

XXX 教学资源库的建设是为了应对当今教育信息化的潮流，旨在为教师和学生提供全面、便捷的教学资源服务而创建的一套集中、统一的教学资源管理平台。随着科技的飞速发展和互联网的普及，教育形式和教学方式也在不断演变。在这个背景下，传统的教学模式已经无法满足教学的需求，个性化教学和差异化教学成为教育改革的重要方向之一。XXX 教学资源库的建设旨在顺应这一趋势，

为教师和学生提供多样化、个性化的教学资源，以满足他们在教学和学习过程中的不同需求。

该教学资源库的建设背后反映了学校对教育信息化的重视和对教学质量的追求。通过建设这样一套集中、统一的教学资源管理平台，学校旨在打破传统教学资源的碎片化局面，将教学资源整合在一个平台上，为教师和学生提供便捷的资源获取渠道。同时，教学资源库的建设也是为了提高教学效果和学习体验。通过提供丰富多样的教学资源，教师可以更灵活地设计教学内容，满足不同学生的学习需求；学生也可以根据自己的学习特点和兴趣进行个性化学习，提高学习的积极性和效果。

（二）建设内容

XXX教学资源库的建设内容涵盖了丰富多样的教学资源，包括教学课件、教学视频、教学案例等，覆盖了各个学科和专业领域。这些资源经过精心筛选和整理，按照学科分类和专业领域进行归档，以便教师和学生检索和利用。

1. 教学课件

教学课件是XXX教学资源库中的重要组成部分，涵盖了各个学科和专业领域的教学内容。这些课件经过教师精心设计和制作，内容丰富、形式多样，包括课堂讲义、演示文稿、示意图等，旨在帮助教师有效地传授知识，引导学生深入理解和掌握学科知识。

2. 教学视频

教学视频是XXX教学资源库中的另一个重要组成部分，为学生提供了视听结合的学习方式。这些视频涵盖了各种教学内容，包括课程讲解、实验演示、案例分析等。通过观看教学视频，学生可以更直观地理解和掌握知识，提高学习效率和学习质量。

3. 教学案例

教学案例是XXX教学资源库中的实践性教学材料，用于丰富教学内容和拓宽学生视野。这些案例涵盖了各种实际情境和问题，旨在帮助学生将理论知识应用到实际问题中去。教师可以根据课程需要选择合适的案例进行教学，激发学生的学习兴趣和动力，促进他们的综合能力和创新思维的发展。

总的来说，XXX教学资源库的建设内容丰富多样，覆盖了教学的方方面面，为教师和学生提供了丰富的学习资源和学习支持。这些资源的精心筛选和整理，以及在线预览和下载功能的提供，极大地方便了教学工作的开展和学生学习的进行。

（三）应用效果

教师通过教学资源库可以方便地获取各类教学资源，支持个性化教学和差异化教学需求。他们可以根据课程特点和学生水平选择适合的资源，丰富课堂教学内容，提高教学效果。学生也可以通过教学资源库获取辅助学习资料，拓宽知识视野，提高学习兴趣和能力。

1.教师应用效果

（1）支持个性化教学

教师可以根据自身教学需求和学生特点，灵活选择和利用教学资源库中的各类资源。无论是课件、视频还是案例，都能够根据教学内容和学生水平进行调整和选择，实现个性化教学的目的。这种个性化教学模式有利于满足不同学生的学习需求，提高了教学的针对性和有效性。

（2）丰富课堂教学内容

教学资源库中的丰富多样的教学资源为教师提供了丰富的教学内容选择。教师可以通过引入多种形式的教学资源，如图文并茂的课件、生动直观的视频以及具体实例的案例，丰富了课堂教学内容，使教学更加生动有趣。这种多样化的教学内容不仅能够吸引学生的注意力，还有助于加深他们对知识的理解和记忆。

（3）提高教学效果

教师通过教学资源库的应用，能够更加灵活地组织和设计教学活动，提高了教学的效果。他们可以根据实际情况及时调整教学内容和方法，及时解决学生的学习困难，使教学更加高效。同时，教学资源库中的资源丰富而全面，有助于教师更好地展开教学，提高学生的学习成绩和综合素质。

2.学生应用效果

（1）获取辅助学习资料

学生可以通过教学资源库获取丰富的辅助学习资料，包括课件、视频、案例等。这些资料不仅可以帮助他们巩固课堂所学知识，还能够拓宽他们的知识视野，了解更多相关内容。通过自主学习这些资料，学生能够更好地理解和掌握课程内容，提高学习效果。

（2）提高学习兴趣和能力

教学资源库中多样化资源为学生提供了丰富多彩的学习体验。他们可以通过观看生动有趣的视频、阅读案例分析等方式，激发学习兴趣，提高学习动力。同时，这些资源也能够培养学生的自主学习能力和问题解决能力，使其具备更强的学习能力和终身学习的意识。

（3）改善学习体验

教学资源库的应用使学习变得更加便捷和高效。学生可以随时随地通过网络平台获取所需资料，不再受时间和地点的限制。这种灵活的学习方式提高了学习的舒适度和体验感，使学生更加愿意参与到学习中来，从而达到更好的学习效果。

教学资源库的应用效果对于教师和学生都具有重要意义。它为教学提供了更多元化、便捷化的选择，提高了教学效果和学习体验，有助于推动教育教学的改革与创新。

第五章　教师队伍建设与"三教"改革

第一节　教师角色转变与培训需求

高等职业教育教师队伍的建设面临着新时代的挑战与机遇。随着教育观念的更新和社会需求的变化，教师的角色也在发生转变。传统的知识传授者角色逐渐向学生导师、学习引导者和实践导向者等多元化方向发展。在这一背景下，教师队伍的培养与发展亟须顺应时代潮流，加强相关培训与提升，以适应新时代教育的需要。

一、教师角色转变的意义与挑战

（一）教师角色转变的意义

教师角色转变为学生导师和学习引导者在高职职业教育中具有深远的意义，这体现在多个方面。

1.激发学生的学习兴趣和自主学习能力

随着社会的发展，教育理念也在不断演进，教师的角色转变成为学生导师和学习引导者在高职职业教育中显得尤为重要。这种转变不仅仅在于改变了教师的教学方式，更在于重新定义了教育的本质，将学生置于学习的核心地位。传统教学模式下，教师主要是知识的传授者和信息的引导者，而如今，教师更加注重激发学生的学习兴趣和自主学习能力。

在传统的教学模式下，教师以讲解和讲义的形式为学生提供信息，而学生则在课堂上扮演着被动接收的角色。然而，这种单向传递的教学模式难以激发学生的学习兴趣，学生的注意力和积极性往往难以维持。相反，教师作为学生导师和学习引导者，更加注重与学生的互动和沟通，倡导学生参与到学习的过程中。

通过与学生的密切互动，教师能够更好地了解学生的学习需求和兴趣所在，有针对性地设计教学内容，使之更贴近学生的实际需求和兴趣。例如，在教授编程课程时，教师可以根据学生的兴趣爱好，设计与游戏开发相关的实践项目，从而激发学生的学习兴趣。同时，教师还可以通过提出启发性问题，提高学生自主探索和解决问题的能力，培养其批判性思维和创新能力。

这种角色转变使得教学更加生动有趣，激发了学生的学习热情，提高了学习的积极性和主动性。学生不再是被动接受知识，而是主动学习，从而能够更加深入地理解和掌握知识。

2.促进学生成长和发展

在传统教学模式下，教师的角色主要是知识的传授者，他们通常只关注学生的学业表现，而忽视了学生的个性发展和全面成长。然而，在当今社会，知识的传授已经不再是教育的唯一目标，培养学生的综合素质和能力变得越来越重要。

作为学生导师和学习引导者，教师不仅仅要传授知识，更重要的是关注学生的全面发展。他们通过个性化的指导和关怀，帮助学生解决学习和生活中的问题，促进他们的成长和发展。这种关怀与指导不仅仅局限于学业上，还包括生活、职业规划等方面。

例如，在高职职业教育中，教师可以通过定期的个性化辅导和职业规划指导，帮助学生了解自己的兴趣爱好和职业发展方向，为其未来的就业做好准备。同时，教师还可以通过丰富多彩的课外活动和社团组织，提供学生发展自身兴趣爱好的平台，培养其团队合作精神和领导能力。

通过这种个性化的关怀与指导，教师能够更好地激发学生的潜能，帮助他们充分发挥自己的优势，实现自我成长和发展。这种教育理念的转变，有助于培养更加全面发展的人才，使他们在未来的职业生涯中更加成功。

3.适应产业发展需求

高职职业教育的目标是培养更符合市场需求的高素质人才。然而，随着科技的发展和产业的变革，市场需求也在不断发生变化，教育教学模式也需要不断调整和改进，以适应产业发展的需求。

作为学生导师和学习引导者，教师在高职职业教育中扮演着至关重要的角色。他们不仅仅要传授知识，更重要的是了解行业的最新动态、调研企业的实际需求，将这些信息融入教学中，培养具有实践能力和创新能力的人才。

例如，在教授计算机科学课程时，教师可以通过邀请行业专家举办讲座和实践指导，使学生了解行业的最新发展趋势和技术需求，从而更好地指导学生的学习和实践。同时，教师还可以组织学生参与实际的项目开发和解决实际问题的案例研究，培养其解决实际问题的能力和创新思维。

通过与产业密切合作，教师能够更好地了解市场需求，调整教学内容和方法，使之更贴近实际需求。这种角色转变有助于提升教育教学质量，使教育更加贴近实际、更具有针对性。

除此之外，教师作为学生导师和学习引导者还能够帮助学生建立与企业的联系和合作关系，为其提供实习和就业的机会。通过实践锻炼，学生能够更好地将理论知识应用到实际工作中，提高自己的实践能力和职业素养，从而更好地适应产业发展的需求。

（二）教师角色转变的挑战

1.需要更多的教育理论知识和教学技能

（1）教育理论知识的深入学习

随着教师角色的转变，教师需要更多地了解教育理论知识，以更好地指导和引导学生的学习。这包括但不限于教育心理学、教育学、课程设计等方面的理论知识。教师需要深入学习这些理论知识，将其运用到教学实践中，从而更好地促进学生的学习和发展。

（2）教学技能的提升

除了理论知识外，教师还需要具备一定的教学技能，以应对不同学生的学习需求和教学情境的变化。这包括课堂管理技能、教学设计能力、教学评价能力等方面的技能。教师需要通过专业培训、学习交流等方式不断提升自己的教学技能，以提高教学效果和学生满意度。

（3）应对个性化学习的挑战

随着教育理念的更新和教学模式的变革，个性化学习成为教育的重要趋势。教师需要了解个性化学习的理论和实践，掌握相应的教学策略和方法，以满足不同学生的学习需求。这需要教师具备更加灵活的教学能力和创新意识，不断调整教学方法，使之更加贴近学生的实际情况。

2.需要调整教育观念和教学方式

（1）从"以教为主"到"以学为主"

传统的教学模式往往是以教师为中心的，教师是知识的传授者和学习的主导者。然而，在现代教育中，更加注重学生的主体地位和学习需求，强调学生的自主学习和探究性学习。因此，教师需要转变教育观念，从"以教为主"转变为"以学为主"，注重培养学生的自主学习能力和创新能力。

（2）注重学生的情感与认知发展

除了传授知识外，教师还需要关注学生的情感与认知发展。这包括培养学生的情商、自我管理能力、团队合作能力等方面的能力。教师需要通过关怀、引导和激励，帮助学生全面发展，使其成为具有综合素养的人才。

（3）倡导生命周期学习观

随着社会的发展和知识的更新，学习已经成为伴随人们一生的事情。教师需要倡导生命周期学习观，即认识到学习是一个持续不断的过程，人们应该在不同阶段不断学习和成长。因此，教师需要通过自身的示范和引导，激发学生对学习的兴趣和热情，培养其终身学习的意识和能力。

3.需要系统的培训与学习

（1）专业培训的重要性

面对教师角色的转变，教师需要进行系统的培训与学习。这包括但不限于教育理论知识的学习、教学技能的培训以及教学实践的经验积累等方面。教师可以通过参加各种专业培训班、学习交流会等方式，不断提升自己的专业水平和教学能力。

（2）学习型组织的建设

为了促进教师的专业发展和学习，学校可以建设学习型组织，为教师提供良好的学习环境和学习资源。这包括建立教师培训中心、专门的教学研究团队，组织定期的教学讨论和学习活动等。通过学习型组织的建设，可以为教师提供一个持续学习和成长的平台，促进他们不断提升自己的教学水平和专业素养。

（3）教学实践的重要性

除了理论学习和专业培训外，教师还需要通过教学实践来提升自己的教学能力。教学实践是理论与实践相结合的重要途径，能够帮助教师将所学知识与实际教学情境相结合，发现问题、解决问题，并不断完善自己的教学方法和策略。因此，学校可以为教师提供更多的教学实践机会，鼓励他们积极参与教学实践，不断提升自己的教学水平和能力。

通过系统的培训与学习，教师可以不断提升自身的职业素养和能力，更好地胜任新的教师角色，提高教育教学质量，为学生提供更优质的教育服务。

二、培训需求与措施

（一）专业知识培训的重要性与措施

专业知识培训是教师提升教学能力和素质的基础，对于高职高专教育"三教"改革尤为重要。

1. 重要性

（1）教学质量保障

专业知识培训对于教师提升教学能力和素质至关重要。教师的专业知识水平直接关系到教学的质量和效果。只有具备扎实的学科基础知识，教师才能够在教学中做到举一反三，更好地解答学生提出的问题，使学生对所学内容有更深刻的理解。

（2）应对行业变革挑战

在高职高专教育中，教师需要具备行业专业知识，才能更好地进行实践教学和产学合作。随着行业技术的不断更新和发展，教师需要不断学习和更新自己的专业知识，以便培养符合市场需求的应用型人才，帮助学生适应和应对行业变革带来的挑战。

2. 措施

（1）组织开展专业知识培训课程

学校可以组织开展学科专业知识培训课程，内容涵盖学科基础理论、前沿技术和行业发展趋势等内容。通过培训，提升教师的学科素养和综合能力，使其能够更好地应对教学中的各种挑战。

（2）鼓励参加学术交流活动

学校可以鼓励教师积极参加学术研讨会、行业交流会等活动，增进专业知识的更新和交流。通过参与交流活动，教师可以了解最新的学术研究成果和行业发展动态，拓宽视野，提高教学水平。

（3）建立专业知识共享平台

学校可以建立专业知识共享平台，为教师提供一个交流和学习的平台。在平台上，教师可以分享自己的教学经验、教材资料、案例分析等内容，促进教师之间的互相学习和共同成长。这种方式可以有效地提高教师的专业知识水平，进一步提升教学质量。

（二）教育理论与教学方法培训的重要性与措施

教育理论与教学方法培训是提升教师教学能力和专业素养的重要途径。

1.重要性

（1）教学质量保障

教育理论与教学方法培训是提升教师教学能力和专业素养的关键途径之一。教育理论为教师提供了教学活动的理论基础和指导原则，教学方法则是将教育理论转化为实际教学行为的具体方式和方法。通过系统的教育理论与教学方法培训，教师可以更好地理解教育规律，掌握有效的教学方法，从而提升教学质量，确保教学活动的有效性和高效性。

（2）支持教师角色转变

随着高职高专教育"三教"改革的推进，教师的角色也在发生转变，从传统的知识传授者转变为学生的学习引导者和学习伙伴。要胜任这一新的角色，教师需要掌握灵活多样的教学方法，能够满足学生自主学习和探究的需求。因此，教育理论与教学方法的培训对支持教师角色转变具有至关重要的意义。

2.措施

（1）组织开展培训课程

学校可以组织开展教育理论与教学方法的培训课程，内容涵盖教学理论、教学策略、教学设计等方面。培训课程可以采取线上线下相结合的方式进行，充分利用现代信息技术手段，提高培训的灵活性和便利性。通过培训课程，教师可以系统学习和掌握各种教学方法，为提升教学水平打下坚实的理论基础。

（2）鼓励教师参与教学观摩和评估活动

学校可以鼓励教师积极参与教学观摩和课堂评估活动，学习他人的优秀教学经验，了解不同教学方法的优缺点，并从中汲取借鉴，不断改进和完善自己的教学方法。通过观摩和评估活动，教师可以拓宽视野，增进对教学的认识，提高教学水平。

（3）建立教学方法研究小组或教学团队

学校可以建立教学方法研究小组或教学团队，由具有丰富教学经验和专业知识的教师组成，定期开展教学案例分析、教学设计等活动，共同探讨和研究教学方法的有效性和改进措施。通过团队合作，教师可以相互交流经验，共同成长，提升整体教学水平。

（三）实践技能培训的重要性与措施

实践技能培训是教师提升教学实践能力和应用能力的重要途径。

1.重要性

（1）提升教学实效性

实践技能培训使教师能够熟练掌握各种教学工具和技术，从而在课堂教学中更加灵活和高效地运用这些技能。通过实践技能培训，教师能够更好地设计和组织实践教学活动，提高学生的实践操作能力和解决问题的能力，从而提升教学实效性。

（2）促进实践型人才培养

高职高专教育的目标是培养实践型人才，而实践技能培训是实现这一目标的重要途径。通过实践技能培训，教师能够深入了解行业实践的需求和趋势，将实践经验融入教学中，培养学生具备实际操作能力和解决实际问题的能力，从而更好地满足社会的人才需求。

2.措施

（1）组织开展实践技能培训课程

学校可以组织开展实践技能培训课程，内容包括实验操作技能、实习实训指导技能等方面。培训课程可以由具有丰富实践经验的专业人士或教师来进行，通过理论教学和实践操作相结合的方式，帮助教师掌握实践技能，提升实践能力。

（2）建立产学合作基地或实践教学中心

学校可以与企业或行业合作，建立产学合作基地或实践教学中心，为教师提供实践平台和实践机会。通过与企业合作开展实践项目或实习实训，教师可以深入了解行业的最新动态和实践需求，积累实践经验，提升实践技能水平。

（3）鼓励教师参与行业实践和项目研究

学校可以鼓励教师积极参与行业实践和项目研究活动，拓宽实践领域，增强实践经验。通过参与行业实践和项目研究，教师可以深入了解行业发展的前沿和趋势，提高自身的专业水平和实践能力。

（四）心理健康与情感教育培训的重要性与措施

心理健康与情感教育培训是教师提升情感关怀能力和学生指导能力的重要途径。

1.重要性

（1）促进教师心理健康

教师工作压力大、工作强度高，心理健康问题日益突出，良好的心理健康是教师有效开展工作的基础。心理健康与情感教育培训可以帮助教师学会正确的心理调适方法，增强心理韧性，提高应对压力和困难的能力，从而保持良好的心理状态。

（2）提升师生关系质量

教师的情感关怀和支持对学生的发展具有重要影响。情感教育培训可以帮助教师学会正确处理师生关系，建立亲和力，增强与学生之间的情感交流和沟通能力。通过情感教育培训，教师可以更加敏感地捕捉学生的情感需求，提供更好的情感支持，促进学生的全面发展。

2.措施

（1）组织心理健康教育培训课程

学校可以组织开展心理健康教育培训课程，内容包括心理调适、情绪管理、压力释放、心理疏导等方面的知识和技能培养。培训课程可以邀请心理学专家或临床心理医生进行授课，通过理论讲解与案例分析相结合的方式，帮助教师掌握正确的心理调适方法，提高心理健康水平。

（2）强化情感教育培训

情感教育培训内容可以包括情感沟通、情感引导、情感关怀等方面的技能培养。通过情感教育培训，教师可以学会正确处理师生关系，建立良好的师生互动模式，提高与学生之间的情感沟通和情感支持能力。

（3）建立心理健康辅导机制

学校可以建立心理健康辅导机制，为教师提供心理咨询和心理支持服务。通过心理健康辅导机制，教师可以及时获得心理咨询和帮助，解决心理问题，保障身心健康，更好地开展工作。

第二节　教师数字素养培育与教学育人能力提升

随着信息技术的飞速发展，教师的数字素养已成为高等职业教育中一项重要的能力需求。同时，教师的教学育人能力也是教育质量提升的关键。因此，加强教师数字素养培育和教学育人能力提升，对于适应新时代教育需求、提升教育教学质量具有重要意义。

一、教师数字素养培育的重要性与内容

（一）教师数字素养培育的重要性

教师数字素养的培育在当前信息化时代的高等职业教育中显得尤为重要。以下是几个方面的重要性。

1.适应信息化时代教育需求

（1）信息化时代的背景和教育趋势

在信息化时代，数字技术的迅猛发展已经深刻改变了教育的面貌。学生、教师和学校都在不断地与信息技术进行互动，数字化教育资源的丰富和普及使得传统教学方式逐渐向数字化、个性化、自主化方向转变。在这个背景下，教师需要具备相应的数字素养才能适应教育的新需求。

（2）数字素养对教师的重要性

教师数字素养的培育对于适应信息化时代的教育需求至关重要。教师作为教育教学的主体，其数字素养水平直接影响着教学质量和效果。具备良好的数字素养可以使教师更好地适应信息化时代的教育环境，更有效地利用现代化技术手段进行教学活动。

（3）数字化技术在教育中的应用

数字化技术在教育中的应用已经非常广泛，包括但不限于电子教材、在线课程、虚拟实验室、智能教学系统等。这些工具和资源为教学提供了更多元化的选择，使得教学更加灵活、个性化，并能够满足学生不同层次、不同学习风格的需求。

（4）应对信息化时代的挑战

面对信息化时代的挑战，教师需要不断提升自己的数字素养，以适应教育领域的新变化。教师应当学会利用数字化技术开展教学活动，包括设计课程、制作教学资源、与学生互动等，从而提高教学效果和学生学习体验。

2.提升教学效率和水平

（1）数字素养对教学效率的提升

教师数字素养的提升可以显著提高教学效率。数字化技术为教师提供了更多元化的手段和资源，例如电子教材、网络课程、在线评价等，这些工具可以帮助

教师更好地设计教学内容、创设教学情境，并提供个性化的学习体验。

（2）数字化技术在教学中的应用

数字化技术在教学中的应用可以极大地丰富教学内容和方式，提高教学的多样性和趣味性。例如，教师可以利用多媒体技术制作生动有趣的教学课件，利用在线教学平台进行课堂互动和作业布置，从而激发学生的学习兴趣和积极性。

（3）个性化教学的实现

通过数字化技术，教师可以更好地实现个性化教学。根据学生的不同学习水平、兴趣爱好和学习风格，教师可以有针对性地设计教学内容和任务，为每个学生量身定制最适合他们的学习路径和方式，从而提高教学效果和学生学习成效。

3.促进学生全面发展

（1）丰富学习资源和方式

教师数字素养的提升可以为学生提供更丰富多样的学习资源和方式。数字化技术使得学生可以随时随地获取到海量的教育资源，包括教学视频、电子书籍、网络课程等，从而拓宽他们的学习渠道和视野。

（2）培养自主学习能力

通过数字化教学平台和资源，教师可以引导学生主动探索和学习，培养他们的自主学习能力和解决问题的能力。学生可以根据自己的学习进度和兴趣选择适合自己的学习内容和方式，从而更好地适应未来社会和职业发展的需求。

（3）提升创造力和问题解决能力

通过数字化教学资源和工具的应用，教师可以激发学生的创造力和问题解决能力。学生可以通过参与虚拟实验、项目研究等活动，积极探索和实践，从而培养他们的创新思维和实践能力，为未来的学习和工作打下良好的基础。

（二）教师数字素养培育的内容

在高等职业教育中，教师数字素养的培育是适应信息化时代的必然需求。教师数字素养的提升不仅有助于提高教学效果，还能够丰富教学手段，促进学生的全面发展。以下是教师数字素养培育的几个重要内容。（见图 5-1）

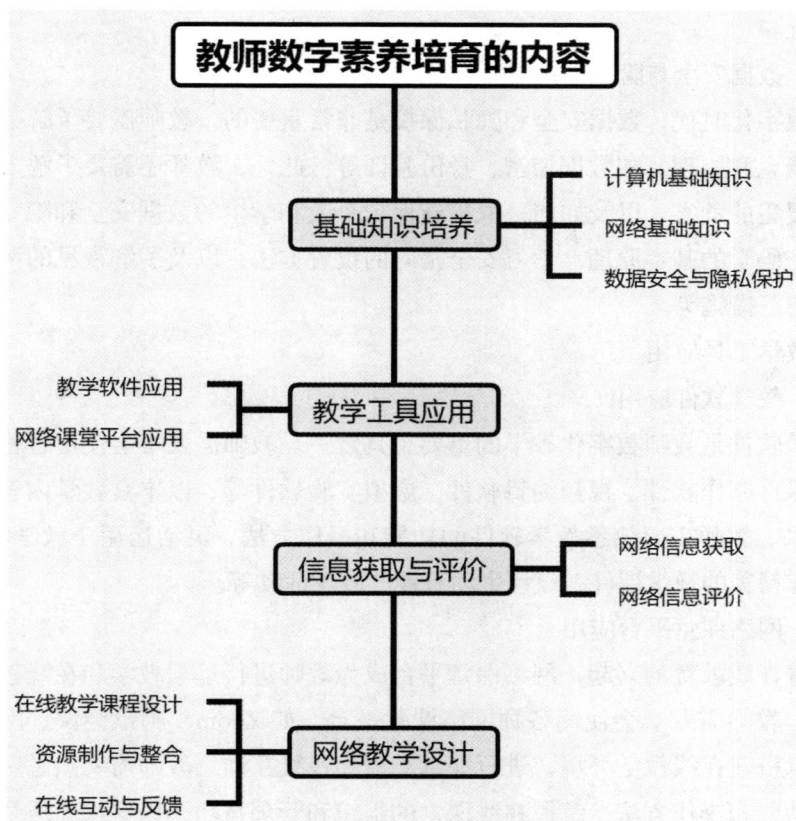

图 5-1 教师数字素养培育的内容架构图

1. 基础知识培养

（1）计算机基础知识

在教师数字素养培育中，计算机基础知识是至关重要的一环。教师需要了解计算机的基本原理、硬件结构和操作系统等方面的知识。这包括了解计算机的组成部分，如 CPU、内存、硬盘等，以及它们之间的工作原理。此外，教师还需要学习计算机的操作系统，掌握基本的操作技能，如文件管理、软件安装等，以便能够熟练操作计算机并解决常见问题。

（2）网络基础知识

随着网络技术的发展，教师也需要具备一定的网络基础知识，包括了解网络的基本原理、网络拓扑结构、网络协议等方面的知识。教师需要了解互联网的组成结构、局域网和广域网的区别，以及网络通信的基本原理。此外，教师还需要了解常用的网络协议，如 TCP/IP 协议，以便能够理解网络通信过程并进行网络故障排查。

（3）数据安全与隐私保护

在数字化时代，数据安全和隐私保护是非常重要的。教师需要了解数据安全的基本概念和原理，如数据加密、身份验证等。此外，教师还需要了解数据泄露和隐私侵犯的危害，以及如何采取措施保护个人和学生的数据安全和隐私。这包括了解密码学的基本原理、学习安全密码的设置方法，以及了解常见的网络攻击手段和防范措施等。

2.教学工具应用

（1）教学软件应用

教学软件是教师数字化教学的重要工具之一。教师需要学会使用各种教学软件，如课件制作软件、视频编辑软件、虚拟实验软件等，以丰富教学内容，提高教学效果。教师需要熟悉教学软件的功能和操作方法，灵活运用于教学实践中，例如制作精美的教学课件、设计生动有趣的教学活动等。

（2）网络课堂平台应用

随着在线教育的兴起，网络课堂平台成为教师进行远程教学和在线教学的重要工具。教师需要学会使用各种网络课堂平台，如 Zoom、腾讯会议、网易云课堂等，以搭建在线教学环境，进行课堂直播和在线互动。教师需要熟悉网络课堂平台的功能和操作方法，掌握在线课堂的组织和管理技巧，以提供高质量的在线学习体验。

3.信息获取与评价

（1）网络信息获取

教师需要培养获取网络信息的能力，以丰富教学内容、提高教学效果。教师可以利用互联网搜索引擎，如百度等，获取与教学内容相关的各种信息资源，如教学视频、学术论文、教学案例等。教师需要学会使用关键词搜索和筛选信息的方法，找到符合自己教学需求的有效信息。

（2）网络信息评价

教师在获取网络信息的同时，也需要具备评价网络信息的能力。教师需要学会评估网络信息的可靠性、准确性和权威性，以确保所使用的信息符合教学要求。教师可以通过查找信息来源、阅读相关评论、比较多个信息源等方式，对网络信息进行评价，筛选出优质的教学资源，为教学提供可靠的支持。

4.网络教学设计

（1）在线教学课程设计

教师需要具备设计在线教学课程的能力，以满足学生的学习需求和教学目标。教师可以根据课程内容和教学目标设计在线教学的教学计划、教学大纲和教学任务，确定教学内容和学习资源，并组织教学活动和评价方式，以提供系统完整的在线学习体验。

（2）资源制作与整合

教师需要具备制作和整合教学资源的能力，以丰富教学内容，提高教学效果。教师可以利用各种数字化工具，如多媒体制作软件、在线课件制作平台等，制作教学资源，如教学PPT、教学视频、教学游戏等，以激发学生的学习兴趣和积极性。

（3）在线互动与反馈

教师需要具备组织在线互动和反馈的能力，以促进学生的学习参与和学习效果。教师可以利用在线教学平台的互动功能，如讨论区、在线测验、作业提交等，与学生进行实时互动和交流，及时解答疑问，激发学生的学习兴趣。同时，教师还需要定期对学生的学习情况进行评估和反馈，及时调整教学策略，促进学生的学习效率和成长。

二、教学育人能力提升的重要性与内容

（一）教学育人能力提升的重要性

教师的教学育人能力在高等职业教育中扮演着至关重要的角色。以下是几个方面的重要性。（见图5-2）

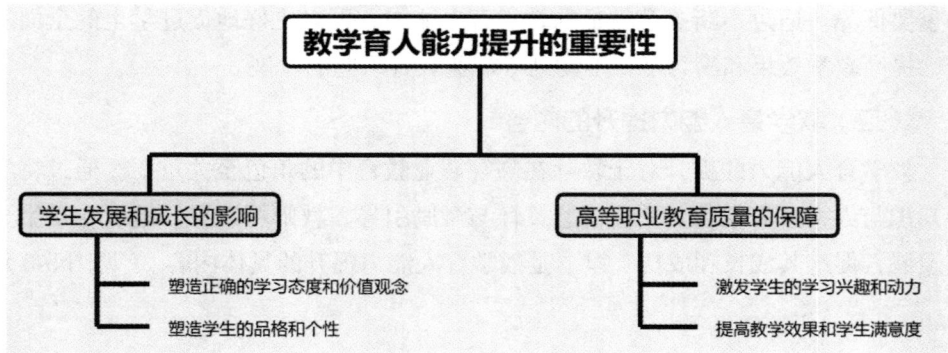

图5-2 教学育人能力提升的重要性架构图

1.学生发展和成长的影响

（1）塑造正确的学习态度和价值观念

教师的教学育人能力对学生的发展和成长具有重要影响。教师不仅是知识的传授者，更是学生学习态度和价值观念的引导者。通过言传身教和示范，教师能够帮助学生培养积极的学习态度，树立正确的价值观念，激发学生的学习兴趣和动力。

（2）塑造学生的品格和个性

教师的教学育人能力还能够影响学生的品格和个性发展。在日常教学中，教师通过言传身教和行为榜样，培养学生的品德修养，提高其道德水平和社会责任感。同时，教师也应该尊重学生的个性差异，鼓励他们展示个性特点，培养他们的创新精神和实践能力。

2.高等职业教育质量的保障

（1）激发学生的学习兴趣和动力

教师的教学育人能力是高等职业教育质量的重要保障之一。通过教师的言传身教和激励，能够激发学生的学习兴趣和动力，提高其学习主动性和自觉性。这有助于学生更加积极地投入到学习过程中，提高学习效果和学业成绩。

（2）提高教学效果和学生满意度

教师的教学育人能力还能够提高教学效果和学生满意度。通过温暖、严谨、耐心、责任心等品质，教师能够赢得学生的尊重和信任，建立良好的师生关系，促进教学过程的顺利进行。这有助于提高学生的学习积极性和学习效果，增强学生的学习体验和满意度。

教师的教学育人能力不仅影响着学生的发展和成长，也是高等职业教育质量的重要保障。通过不断提升教师的教学育人能力，可以更好地促进学生的全面发展，提高教学效果和满意度，推动高等职业教育事业的发展。

（二）教学育人能力提升的内容

教学育人能力的提升对于教师在高等职业教育中的角色至关重要。通过将学科知识与人文素养结合、关注情感关怀与激励引导，教师可以更好地引导学生全面发展，促进其成长和成功。以下是教学育人能力提升的具体内容。（见图5-3）

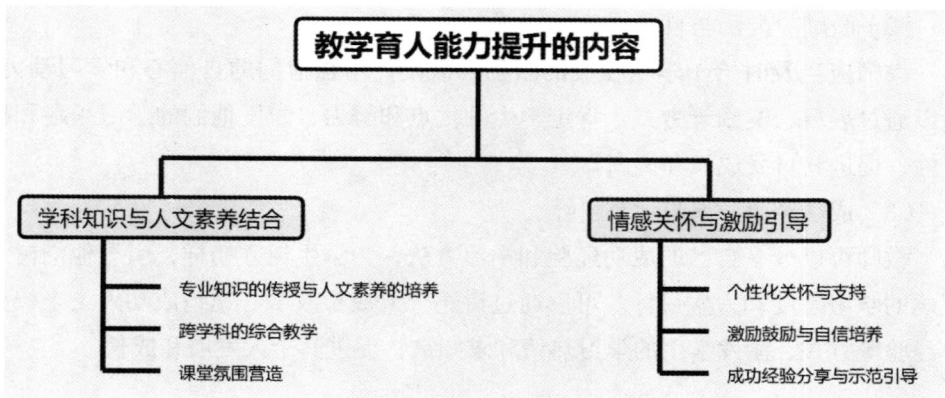

图 5-3 教学育人能力提升的内容架构图

1.学科知识与人文素养结合

（1）专业知识的传授与人文素养的培养

教师在教学过程中应当将学科知识与人文素养相结合，通过课程设置和教学方法引导学生全面发展。除了传授专业知识外，还应注重培养学生的人文情怀和综合素质。例如，在职业技能培训课程中，除了教授具体的技能操作方法，还可以通过案例分析、讨论课等方式引导学生思考相关的伦理道德问题，培养其社会责任感和人文素养。

（2）跨学科的综合教学

教师还可以通过跨学科的综合教学，将不同学科的知识融合在一起，培养学生的综合素质和创新能力。例如，可以组织跨学科的项目实践活动，让学生在实践中学习并运用多种学科知识，培养其跨学科思维和问题解决能力。

（3）课堂氛围营造

在教学过程中，教师还应当注重营造积极向上的课堂氛围，激发学生的学习兴趣和求知欲。可以通过讲述有趣的故事、播放相关视频、组织小组讨论等方式，引导学生主动参与课堂活动，增强他们的学习体验和成就感。

2.情感关怀与激励引导

（1）个性化关怀与支持

教师需要对学生进行个性化的关怀和支持，了解他们的学习和生活情况，及时帮助他们解决困难和问题。可以通过定期的个别谈话、心理咨询等方式，关心学生的成长和发展，为他们提供积极的情感支持。

（2）激励、鼓励与自信培养

教师应当及时给予学生积极的激励和鼓励，增强他们的自信心和学习动力。可以通过表扬、奖励等方式，肯定学生的优点和努力，激发他们的学习兴趣和积极性，促进其自我成长和提高。

（3）成功经验分享与示范引导

教师可以分享自己的成功经验和学习方法，为学生树立榜样，引导他们树立正确的学习态度和人生目标。可以通过讲述个人成长故事、邀请成功人士来校分享经验等方式，激发学生的学习热情和求知欲，促进其个人发展和成长。

第三节　教师团队建设与教研活动载体创新案例分析

教师团队建设是高等职业教育教学质量提升的关键环节之一。通过建设教师团队、促进教师之间的交流与合作、搭建教研活动的载体，可以有效提升教师的教学水平和教学质量。

一、教师团队建设的重要性与挑战

（一）教师团队建设的重要性

教师团队建设有助于促进教师之间的交流与合作，形成良好的教学氛围，共同提升教学水平。

教师团队建设可以搭建教研平台，促进教学研究与实践相结合，推动教学方法和教学模式的创新。

（二）教师团队建设的挑战

教师团队建设需要克服教师之间的交流壁垒和合作意识不足的问题。

教师团队建设还需要创新教研活动的载体，提高教研活动的针对性和实效性。

二、案例分析：教研活动载体创新实践

建设教师教学创新团队是推进高职院校高质量发展的重要举措。《国家职业教育改革实施方案》提出，要"探索组建高水平、结构化教师教学创新团队、教师分工协作进行模块化教学"。以下将以 XM 海洋职业技术学院水产养殖技术国

家级职业教育教师创新团队建设为例，提出了一系列路径与策略、校本实践以及建设成效。

（一）驱动高水平教师团队建设的路径与策略

该校坚持贯彻落实党的二十大精神，以扎实推进职业教育高质量发展为根本驱动，锚定"立德树人"人才培养根本目标，打造德技双馨、技艺精湛、改革创新的国内领先、国际一流的高水平、结构化水产养殖技术教学创新团队；围绕"一个目标、两个对接、三个重构、四个工程"的模式，建设教师创新团队。

1.打造德技双馨的高水平水产养殖技术教学创新团队

德技双馨是指具备优秀的道德素养和专业技能的教育团队。在高水平水产养殖技术教学领域，不仅要培养学生的专业技能，更要注重其道德修养，使其成为德才兼备的优秀人才。因此，打造德技双馨的团队是提高教育质量的关键。

该校不仅注重教师的德育培养，通过各种方式加强师德师风建设，提升教师的道德修养和职业素养。同时，还加强了教师的专业技能培养，提供各种培训和学习机会，使教师在水产养殖技术领域保持领先水平。

2.遵循对接国家海洋战略，推动渔业人才素质提升及产业转型升级

对接国家海洋战略，意味着将教育与国家战略需求相结合，通过培养优秀的渔业人才来支持国家海洋事业的发展。这不仅可以提升渔业人才的素质，还可以推动整个产业的转型升级，促进国家经济的持续发展。

该校始终密切关注国家海洋战略的最新政策和发展需求，结合地方实际情况，调整教学内容和课程设置，致力于培养符合国家海洋发展需求的高素质渔业人才。同时，也不断加强与渔业企业的合作，开展产学研深度合作，使教学与实际需求更加贴合。

3.重构团队结构与教学过程，推动团队实践能力、创新能力再上新台阶

通过重构团队结构和教学过程，可以优化资源配置、提升团队整体实力。在教学过程中引入现代信息技术和虚拟仿真实训设备，可以更好地模拟实际生产环境，培养学生的实践技能和解决问题的能力，从而提高团队的实践能力和创新能力。

该校应根据教学需求和学生特点，合理调整团队结构，促进了团队成员之间的互补和合作。同时，也积极引进了现代信息技术和虚拟仿真实训设备，不断创新教学模式，提高了教学质量和效果。

4. 推进课程思政建设工程，推动教育教学全面融合发展

课程思政建设是指将思想政治教育与学科教育相结合，通过课程设置和教学内容，培养学生的思想品德和专业素养。这种教育模式旨在实现教育教学的全面发展，使学生在学习专业知识的同时，能够树立正确的世界观、人生观和价值观。

在实施课程思政建设工程时，该校重点关注了以下几点：首先，要根据学科特点和学生需求，合理设计思政教育内容，并将其融入专业课程中，使之成为学生学习的重要组成部分；其次，注重教学方法和手段的创新，通过互动式教学、案例分析等方式，引导学生主动思考、积极参与，提高了思政教育的实效性和吸引力；最后，加强师资队伍建设，培养具有思政教育理论素养和专业知识水平的优秀教师，推动了思政教育工作的深入开展。

5. 深化教学模式改革工程，构建符合行业特色的专业课程模块

深化教学模式改革工程旨在不断完善教学体系，提升教学效果和教学质量。通过构建符合行业特色的专业课程模块，可以更好地满足行业需求，培养符合市场需求的高素质人才。

在深化教学模式改革工程中，该校根据行业特色和发展趋势，调整了课程设置，优化了教学内容，注重实践教学环节，提升了学生的实践能力和创新能力。同时，还加强了与行业企业的合作，充分利用企业资源，开展实践教学和实习实训，为学生提供了更加丰富的学习体验和实践机会。

6. 推进数字赋能建设工程，提升教学质量和效果

数字赋能建设工程是指通过引入现代信息技术和虚拟仿真实训设备，提升教学质量和效果，促进教育教学的现代化发展。通过数字化手段，可以更好地满足学生个性化学习的需求，提高教学效率和教学效果。

在推进数字赋能建设工程中，该校加强了教师队伍的信息化素养培养，通过提供相关的培训和指导，使教师能够熟练运用现代信息技术开展教学工作。同时，还注重教学资源的建设和整合，建立和完善了在线教学平台，为学生提供了更加便捷和高效的学习环境。

（二）构筑高水平水产养殖技术教师团队的校本实践

1. 结构创新强化团队建设

（1）全员、全方位、全过程提升团队素质能力

首先，优化对接职业标准的课程体系、强化协作模块化教学模式，实现了教师政治思想素养、教学科研能力、社会服务能力、产教融合和科教融汇水平的整体跃升。其次，培养团队成员晋升正高级职称 1~2 人、新增副高级职称 3~5人、双师型教师占比达 85%，团队整体向"专家型"双师转变提升。

（2）发挥专业带头人与行业导师头雁效应

首先，结合 FJ 加快海洋强省建设战略，专业带头人与行业导师团队开展数字化赋能，团组融合、科创融合、院所融合扎实推进，教学团队与项目服务有机融合。其次，带队指导全国水产技能竞赛等各类比赛获国赛一等奖 1~2 项，主持或参与水产相关教科研项目 5~10 项。

（3）打造骨干教师行业导师协同配合机制

一方面，培养了 3~5 名骨干教师，使其在专业建设、技术创新、产教融合等方面发挥了主体作用。另一方面，聘任 1~2 名产业导师，建设起稳定的专兼职教师队伍。

2.党建引领提升师资水平

党建引领与名师引领相结合，体现在党组织和名师在教师队伍建设中的双重引导作用。一方面，党组织发挥着思想引领和政治引领的作用，通过党的教育方针和政策文件的传达，引导教师坚定理想信念，增强"四个意识"，做到"两个维护"，以党员标准要求自己，在教学、科研和社会服务中发挥先锋模范作用。另一方面，名师作为具有丰富教学经验和优秀教学成果的代表，以其身心力量影响和带动广大教师，激励教师不断追求卓越的教学与科研的成果，提高自身的教学水平和科研能力。

分类引导与精准帮扶相结合，则是在教师队伍建设中更加具体的实践路径。这一路径体现在对教师的个性化发展和精准培养上。根据教师的发展特长和个人意愿对教师进行精准分类引导，从而更好地发挥其潜能和特长。专业带头人和正高级教师作为教师队伍中的技术骨干，他们不仅在重大项目论证和专家智库指导咨询等方面发挥着专业技术的领导作用，还承担着培养省、市级技能大师和教学名师的重要任务。骨干教师则主要参与教学科研和社会服务，通过实践活动和教学研究，提升自身的实践能力和教学水平。育人导师则负责落实课程思政与专业课程的有机结合，创新育人方法，引导学生树立正确的人生观和价值观。产业导师则通过开展实际生产和"三创"培训等活动，将产业需求与教学内容进行有机结合，以培养学生的实践能力和创新精神。

3. 产教融合夯实专业建设

产教融合是夯实专业建设的关键策略之一，通过与产业的深度融合，可以更好地满足行业需求，提高教育质量和教学水平。基于产业特色持续开展模块化教学模式改革是产教融合的重要举措之一。在这一过程中，学校需要优化水产养殖技术专业群的模块化课程体系，以核心模块化课程建设为抓手，比如水产育苗、养殖、饲料、疾病防治等专业核心课程。通过校企协同的方式，推进"职业通识＋专业基础＋专业核心＋拓展＋综合应用"五模块专业课程体系改革，使得教学内容更贴近实际需求，培养学生全面发展的能力。同时，结合学校已有的省级课程思政示范教学研究中心，将思政教育融入专业课程中，申报省级课程思政示范课，以提升学生的思想道德素质。

另一方面，基于产业标准持续建设优质专业教学资源库也是产教融合的关键举措。学校可以升级水产养殖技术国家级教学资源库，深化在线精品课程建设，例如《水产微生物技术》等课程，以及完善教材建设，如《水质监测与调控技术》《水族工程》《水族生物》等，以确保教学内容与产业标准紧密对接。此外，引领带动虚拟仿真实训资源和精品在线课程的建设也是至关重要的，这样的举措可以提升学生的实践能力，增强他们的应用技能，更好地适应行业的发展需求。

4. 模式创新提升育人成效

首先，要弘扬蓝色工匠精神，深化育人主体五元协同。通过构建政府、学校、行业、企业、社会五个主体之间的协同育人机制来贴合行业发展前沿，凸显水产养殖技术技能人才培养的特色。这一举措包括组建全国现代水产行业产教融合共同体，实现校企共建虚拟仿真实训基地，吸纳多元主体深度参与办学，从而深化主体之间的互融互通，实现资源的共建共享。这种五元主体协同育人的机制，能够有效整合各方资源，提升人才培养的质量和效率。

其次，基于岗位工作过程，构建课程育人五大融合。这意味着将"三创"理念贯穿人才培养的全过程，推动思创、专创、科创、技创、产创五大融合。在实践中，需要将三创教育与"嘉庚精神""海洋强国""生态养殖"等思政教育有机结合，实现思创融合。此外，通过优化专业课程体系，采用校内"大班制"讲授知识、校外"分组制"强化操作、养殖一线"学徒制"实战训练等方式，实现专创融合。同时，建立珍稀海洋生物繁育研究中心、观赏水族养殖实验室等全天候"开放实验室"制度，培养学生创新性探究能力，实现科创融合。此外，专兼职教师联合指导技能竞赛，引进水产行业能工巧匠，言传身教，弘扬工匠精神，实现技创融合。最后，立足 FJ 水产行业的全国领先优势，与龙头企业共建培训中心或产业学院，促进人才培养与产业链动态相适应，实现产创融合。这种课程育人五大融合的模式创新，能够使学生在学习过程中不仅获得专业知识，还能够培养出创新能力和实践能力，使其更好地适应未来职业发展的需求。

5.科教融汇促进科技创新

（1）科研方向选择与成果

首先，根据产业需求和研究特长，开展水产养殖技术、育种、养殖尾水处理等应用研究，与行业企业联合申报产学研合作项目。其次，团队获 5～10 项课题立项，人均主持或参与 1 项课题，发表 10 篇论文和获授权 5 项专利。

（2）科研团队协作与科技服务

首先，鼓励团队成员积极协同其他专业团队，共同开展交叉领域研究，提高成果利用率。其次，每年组织团队或个人科技特派员深入基层开展服务。此外，以产业需求为导向，为水产行业提供 10 项以上技术支持，增强了教师实践能力。

6.服务创新提升社会效益

（1）多平台协同创新融合发展

推进了 FJ 省职业教育渔业类"双师型"教师培训基地、国家级海洋生物技术协同创新中心、省级智慧渔业协同创新中心、市级澳汤水族产业学院、市级智慧渔业重点实验室建设，多平台协同服务并形成范式。

（2）国内外交流合作服务发展

通过举办国际学术会议和闽台渔业论坛、加快建设中国水产技术非洲教育培训中心、派教师出国交流研修、面向"一带一路"国家开展水产养殖技术指导，提升团队教师的国际化教学能力与创新水平，助力中国水产企业深化渔业科技和产业合作，传播水产养殖"中国方案"。

7.多措并举促进高质量就业

其一，聚焦水产病害防治、尾水治理等关键领域，解决行业企业痛点问题，反哺教学和科研，持续提升人才培养质量。其二，发挥产业学院以实际项目培养学生的平台优势，强化精准就业。其三，深化协同创新精英班、智慧渔业创新班培养机制，以导师一对一指导，提升学生辅助科研能力和创新创业能力。其四，实现了学生就业率保持在 95% 以上，就业对口率、高质量就业人数的持续增长。

（三）养殖技术教师团队建设成效

1. 向"专家型"双师转变

（1）专业带头人的角色与职责

在高水平教师团队建设中，专业带头人是起到关键作用的核心成员。他们承担着指导团队成员、制定水产养殖专业教学标准、领导团队参与各级各类技能竞赛，推动团队的教学与科研成果向业界转化的责任。专业带头人须具备扎实的学科基础、丰富的实践经验和卓越的领导能力，在行业内具有较高的声望和影响力。

（2）行业导师的作用与价值

行业导师是团队中的重要组成部分，他们拥有丰富的实践经验和行业资源，在教学实践中能够为学生提供真实的行业案例和解决问题的方法。通过与行业导师的密切合作，学生可以更好地了解行业动态，掌握行业技能，提高就业竞争力。同时，行业导师还能够为团队的教学与科研工作提供宝贵的指导意见和资源支持。

（3）人才培养与团队成员晋升

高水平教师团队建设的目标之一是培养团队成员成长为优秀的教育专家和行业领军人才。通过定期的培训和学习交流，团队成员不断提升自身的教学水平和科研能力，积极参与国家级、省部级项目的研究与实施，推动了个人晋升，从而形成了一支高素质、专业化的教师队伍。

2. 改革与育人成效领衔业内

（1）党建引领与名师指引

通过建设党建引领机制，营造浓厚的教育教学改革氛围，使团队成员在党的指导下不断深化改革、探索创新。同时，名师的指引和示范也对团队成员的成长起到了积极的推动作用，他们以身作则、言传身教，激发了团队成员的学习热情和创新活力。

（2）人才培养与品牌效应

通过制定科学合理的人才培养方案，培养出了一大批技术精湛、道德品质高尚的优秀学生，为行业输送了高素质人才。同时，团队的教学与科研成果彰显了品牌效应，提升了团队的知名度和影响力，吸引了更多优秀人才加入团队，形成良性循环。

（3）教学改革与数字化转型

教学改革是高水平教师团队建设的重要内容之一。通过引入现代信息技术和虚拟仿真实训设备，优化教学资源配置，提升了教学效果和教学质量。数字化转型不仅满足了学生个性化学习的需求，还拓展了教学边界，创新了教学模式，提高了教学效率，实现了教育教学的现代化和智能化发展。

3. 创新与社会服务领跑行业

（1）应用导向与科研成果转化

团队成员将科研成果转化为实际生产力，推动产学研合作，加强了科技成果的应用和推广。通过开展关键共性技术研发，解决了行业面临的瓶颈问题，促进了产业发展，提高了渔业产业技术创新能力。

（2）国际交流与合作

团队成员通过积极参与国际学术交流与合作、借鉴国外先进技术和管理经验，拓宽了国际视野，提高了自身的科研水平和创新能力。同时，通过多平台协同创新，加强与"一带一路"国家的合作与交流，推动了技术、人才和经验的跨国传递与共享。

（3）社会服务与产业发展

高水平教师团队应当紧密结合国家战略需求和地方产业发展实际，开展科技服务，为政府和企业提供决策咨询、技术支持和人才培养等方面的服务。该校通过多种形式的社会服务活动，提升了团队的社会影响力和服务水平，为促进产业发展和经济增长做出了积极贡献。

第六章 "三教"改革与教学能力比赛的互促机制

第一节 教学能力比赛的意义与价值

一、提升教师专业水平与教学质量

（一）深入研究教学理论和实践

1.探索教学理论的深度和广度

教学能力比赛为教师提供了一个深入研究教学理论和实践的机会。教师们可以通过阅读教育学经典著作、学术期刊和最新研究成果，探索不同的教学理论，并深入了解其内涵、原理和应用。例如，他们可以研究建构主义、认知学习理论、社会文化理论等不同的教学理论，并探讨其在实际教学中的应用效果和方法。通过这种研究，教师们可以提高对教育教学理论的认识和理解，从而指导和支持自己的教学实践。

2.分析教学实践中的问题和挑战

教师们在比赛中可以深入分析教学实践中的问题和挑战，从而提高对教学过程的认识和理解。他们可以结合自己的教学经验和案例，分析教学过程中存在的问题和不足，并探索解决问题的方法和途径。例如，他们可以分析学生的学习需求和特点，探讨教学内容和教学方法的选择和调整，以提高教学效果和学生学习成绩。通过这种分析，教师们可以发现教学实践中的问题所在，及时进行调整和改进，提高教学质量和效果。

3.提升教学深度和广度

教师们在比赛中还可以提升教学的深度和广度，不断拓宽自己的教学视野和教学领域。他们可以探索不同学科、不同年级和不同类型的教学内容和教学方法，丰富教学内容和教学资源，满足学生多样化的学习需求。例如，他们可以开展跨学科教学项目、探究式学习活动、实践性教学课程等，以提高教学的多样性和灵活性。通过这种提升，教师们可以不断拓展自己的教学领域，提高对教学过程的掌控能力和应变能力。

（二）注重教学过程的细节和环节

1.精心设计教学活动和教学资源

在教学能力比赛中，教师们应该注重教学过程的细节和环节，精心设计教学活动和教学资源，以提高教学的质量和效果。他们可以根据教学目标和学生特点，精心设计教学活动的流程和步骤，确保教学过程的顺利开展。同时，还可以选择和运用丰富多样的教学资源，如教材、教具、多媒体资料等，以支持教学内容和教学方法的实施。

2.关注教学过程的每个环节和细节

教师们还应该关注教学过程的每个环节和细节，确保每个环节都能够达到预期的教学目标和效果。例如，可以精心设计教学活动的导入和引导环节，激发学生的学习兴趣和求知欲；可以精心设计教学活动的实施和展示环节，引导学生进行合作学习和交流探究；还可以精心设计教学活动的评价和反馈环节，及时总结教学效果和学生表现，为后续教学提供参考和指导。

3.不断改进和完善教学过程

教师们应该不断改进和完善教学过程，以提高教学的效果和质量。他们可以通过反思和总结，发现教学过程中存在的问题和不足，并加以改进和完善。例如，可以针对教学活动中遇到的挑战和困难，调整教学方法和策略，以更好地满足学生的学习需求和教学目标。同时，还可以参考教学评价和学生反馈，了解教学效果和学生满意度，及时进行调整和改进。

（三）与同行的交流与合作

1.参与教学研讨会和学术讲座

教师们应该积极参与教学研讨会和学术讲座，与其他教师进行面对面的交流和讨论。他们可以分享自己的教学经验和教学成果，了解其他教师的教学方法和策略，从而开阔自己的视野，获得新的教学思路和启发。

2.开展教学合作项目和研究小组

教师们还可以开展教学合作项目和研究小组，共同探讨教学问题和挑战并寻求解决之道。例如，可以共同策划教学活动、共同设计教学资源、共同评价教学效果，从而共同提升教学水平和能力。通过这种合作，教师们可以共同发现问题和解决问题，共同分享成功和成就，从而实现共同成长和进步。

3.利用网络平台和社交媒体

教师们还可以利用网络平台和社交媒体与同行进行交流和合作。他们可以加入教育专业的在线社群和论坛，参与教学讨论和资源分享，与其他教师进行在线交流和互动。通过这种方式，教师们可以随时随地与同行进行交流，获取最新的教学信息和资源，不断提升自己的教学水平和能力。

二、促进教学经验分享与交流

（一）展示教学成果和经验

1.展示成功的教学案例

（1）数学教学中的案例展示

在数学教学中，教师可以通过设计创新的教学活动和使用多媒体教学工具，激发学生的学习兴趣和主动性。例如，一位数学教师在教授代数方程时设计了一个实践性的问题：如果一个游戏公司要设计一个新的手机游戏，每个关卡的通关条件是解一个代数方程，那么该公司需要多少名数学高手来设计这些关卡呢？通过这个案例，学生不仅能够学习代数方程的解法，还能够了解到代数在现实生活中的应用，激发学生的学习兴趣。

（2）语文阅读教学中的案例展示

在语文阅读教学中，教师可以通过引导学生进行多种形式的阅读实践，提高他们的阅读能力和理解能力。例如，一位语文教师在进行《西游记》教学时，设计了一系列的角色扮演活动，让学生分别扮演孙悟空、猪八戒等角色，通过角色扮演的方式重新演绎故事情节，增强学生的情感投入和阅读体验。这种案例不仅可以帮助学生更好地理解文学作品，还能够培养他们的表达能力和团队合作精神。

（3）科学实验教学中的案例展示

在科学实验教学中，教师可以通过设计生动有趣的实验活动，引导学生动手探究科学知识，培养他们的实验技能和科学思维能力。例如，一位科学教师在教学光学原理时设计了一个简易的光学实验：利用凹透镜和凸透镜将阳光聚焦在纸上，观察并记录聚焦的效果。通过这个案例，学生不仅能够了解光学原理，还能够亲身体验实验的过程，加深对知识的理解和记忆。

2.分享有效的教学方法

（1）激发学生学习兴趣的方法

为了激发学生的学习兴趣，教师可以采用多种多样的教学方法。例如，利用游戏化教学的方法，将课堂内容设计成游戏任务，让学生通过完成任务来学习知识，增强学习的趣味性和互动性；又或者通过小组合作学习的方法，让学生在小组内进行合作探究，培养他们的团队合作精神和交流能力。

（2）提高学生学习效率的方法

为了提高学生的学习效率，教师可以采用个性化教学的方法，根据学生的不同学习需求和能力水平，采用不同的教学策略和资源。例如，针对学习成绩较好的学生，可以采用拓展性教学的方法，引导他们深入探究和拓展知识；而针对学习成绩较差的学生，可以采用巩固性教学的方法，帮助他们巩固基础知识和提高学习能力。

（3）培养学生综合能力的方法

为了培养学生的综合能力，教师可以采用跨学科教学的方法，将不同学科的知识和技能进行整合和交叉应用。例如，通过设计跨学科的项目学习任务，让学生在实践中掌握和运用各种知识和技能，培养他们的创新能力和解决问题的能力。

3.总结教学经验和教训

（1）成功的教学经验

教师们在教学过程中积累了大量的成功经验，这些经验包括教学设计的成功案例、教学方法的有效实践、学生表现的突出成就等。通过总结成功的教学经验，教师们可以总结成功的规律和原因，指导自己的教学实践，进一步提升教学水平和能力。

（2）失败的教学教训

同时，教师们也会在教学过程中遇到各种困难和挑战，经历失败和挫折。这些失败的教学教训包括教学设计的不合理、教学方法的不适用、学生表现得不理想等。通过总结失败的教学教训，教师们可以找出失败的原因和解决之道，及时调整和改进教学策略，提高教学效果和学生学习成绩。

（二）与同行进行交流与合作

1.参加教学研讨会和学术讲座

（1）教学研讨会的重要性

教学研讨会是教师们进行专业交流和学习的重要平台。在这些研讨会上，教师们可以深入了解最新的教育理论、教学方法和教学技术，探讨教学中的难题和挑战，分享教学经验和成功案例，共同探索教育教学的前沿问题和发展趋势。

（2）学术讲座的价值与意义

学术讲座通常由专业领域的专家学者或教育专家主讲，内容涉及教育研究的最新成果、前沿理论和实践经验。教师们通过参加学术讲座，可以了解最新的教育理论和研究进展，拓宽自己的学术视野，提高教学水平和能力。

（3）交流与合作的实践

在教学研讨会和学术讲座上，教师们不仅可以向专家学者学习和请教，还可以与其他教师进行面对面的交流和合作。他们可以分享自己的教学经验和教学方法，借鉴他人的成功经验和教学技巧，共同探讨教学中的难题和挑战，寻求解决之道。

2.进行教学观摩和互助评课

（1）教学观摩的价值

教学观摩是教师们相互学习和借鉴的重要方式之一。通过观摩其他教师的课堂教学，教师们可以了解不同的教学方法和策略，体会到不同的教学风格和教学效果，发现自己的不足和改进之处，提高教学水平和能力。

（2）互助评课的实践

互助评课是教师们相互交流和改进教学的重要方式之一。在互助评课中，教师们可以相互邀请进行课堂观摩，并对对方的教学方案和教学效果进行评价和反馈。通过互助评课，教师们可以总结自己的教学不足和存在的问题，及时调整和改进教学策略，提高教学效果和学生学习成绩。

3.开展教学合作项目和研究小组

（1）教学合作项目的意义

教学合作项目是教师们共同探讨和实践教学理论和实践的重要方式之一。通过开展教学合作项目，教师们可以共同策划和实施教学活动，设计和开发教学资源，评价和改进教学效果，共同探讨教学理论和实践，促进教学工作的创新和发展。

（2）研究小组的作用与价值

研究小组是教师们开展教育研究和教学改革的重要组织形式之一。在研究小组中，教师们可以共同选择研究课题和问题，开展调查研究和实证研究，收集和整理教学资料和数据，深入分析教学问题和挑战，提出解决方案和改进措施，推动教学工作的不断进步和发展。

三、激发教学创新与探索精神

（一）尝试新的教学理念和方法

1. 创新教学理念的探索

教师能力比赛为教师们提供的试验新教学理念和方法的舞台是教育领域中的一大创新。这个平台给予了教师们探索新理念和方法的自由和机会，可以鼓励他们大胆尝试各种创新教学方式。

教师们可以利用现代教育技术，例如智能化设备、在线教育平台等，来设计创新的教学活动。通过引入这些新技术，他们可以打破传统教学的局限，激发学生的学习兴趣，并提高教学的吸引力和效果。

在尝试新教学理念和方法时，教师们可以注重与学生的互动和合作。例如，可以尝试采用项目化学习、合作学习等教学方式，鼓励学生通过团队合作、自主探究等方式，积极参与到教学过程中来，从而更好地发挥他们的学习潜能。

教师们还可以探索适合不同教学内容和学生特点的教学方法。例如，在语言教学中，他们可以尝试采用情境教学法，通过情景模拟和角色扮演等方式，帮助学生更好地理解和运用语言知识。

教师们在尝试新教学理念和方法时，应该注重教学目标的设置和评估。他们需要清楚地明确教学目标，并制定相应的评估标准，以便及时评估教学效果，并根据评估结果调整和改进教学策略。

总体而言，教师能力比赛为教师们提供了一个创新教学的平台，鼓励他们勇于探索和尝试各种新的教学理念和方法。通过这种创新，教师们能够不断提升自己的教学水平和能力，为学生提供更加丰富、多样化的教育资源和服务。

2. 教学方法的实践与反思

在教学能力比赛中，教师们不仅有机会尝试新的教学理念和方法，还需要将这些理念和方法付诸实践，并进行反思和总结。这种实践与反思的过程对教师们的成长和发展至关重要。

教师们可以通过设计教学方案、组织教学活动、开展课堂教学等方式，将新的教学理念和方法应用到实际教学中。在实践过程中，教师们需要不断观察和评估教学效果，发现问题和不足之处，并及时调整和改进教学策略。

教师们还可以利用教学能力比赛的平台，与其他教师进行经验交流和分享。

例如，可以分享自己的教学实践经验，介绍自己尝试过的教学方法和策略，并听取其他教师的意见和建议，共同探讨教学中遇到的难题和挑战，寻求解决之道。

在实践过程中，教师们需要不断进行反思和总结。他们可以对教学方案和教学活动进行评估和分析，总结成功的经验和失败的教训，发现问题和改进之处，及时调整和完善教学策略。

通过实践与反思，教师们可以不断提升自己的教学水平和能力，为学生提供更优质的教育服务。同时，也可以为教育教学领域的创新和发展做出积极贡献，推动教育事业的不断进步和发展。

（二）探索解决问题的方法和途径

1. 教学问题的挑战与解决

教学能力比赛为教师们提供了一个独特的平台，鼓励他们挑战教学中的各种困难和难点。这些问题可能涉及学生学习兴趣不高、学习动机不足、教学资源匮乏等方面。

在比赛中，教师们需要结合自己的教学实践经验，深入分析和解决这些问题。例如，可以通过调查问卷、学生访谈等方式，了解学生的学习需求和兴趣，从而调整教学内容和方法，提升教学的吸引力和效果。

教师们还可以尝试教学改革和课堂创新，以解决教学中遇到的的各种问题。例如，他们可以尝试引入项目化学习、合作学习等教学方法，激发学生的学习兴趣和参与度，提高教学效果和学生满意度。

在解决教学问题的过程中，教师们需要注重教学评价和反馈。他们可以通过定期组织教学评价活动、收集学生反馈意见等方式，了解教学效果，并及时调整和改进教学策略，以提高教学质量和效果。

总体而言，教师能力比赛为教师们提供了一个解决教学问题的平台，鼓励他们勇于挑战困难和难点，并积极探索解决问题的方法和途径。通过这种探索和实践，教师们能够不断提升自己的问题解决能力，为教育事业的发展做出积极贡献。

2. 教学方法的实践与调整

在教学能力比赛中，教师们可以通过实践与调整，不断探索解决问题的方法和途径。他们可以通过实验教学、课堂观察、学生反馈等方式，了解教学方法和策略的实际效果。

教师们可以利用教学能力比赛的平台，与其他教师进行经验交流和分享。他们可以分享自己的教学实践经验，介绍自己尝试过的教学方法和策略，并听取其他教师的意见和建议，共同探讨教学中的难题和挑战，寻求解决之道。

在实践过程中，教师们需要不断进行反思和总结。他们可以对教学方案和教学活动进行评估和分析，总结成功的经验和失败的教训，发现问题和改进之处，及时调整和完善教学策略。

通过实践与反思，教师们可以不断提升自己的教学水平和能力，为学生提供更优质的教育服务。同时，他们也可以为教育教学领域的创新和发展做出积极贡献，推动教育事业的不断进步和发展。

（三）展示教学和探索成果

1. 教学成果的展示与分享

教学能力比赛作为一个展示教学和探索成果的平台，为教师们提供了展示自己教学成果和分享经验的宝贵机会。在比赛中，教师们可以利用各种形式，如教学案例、教学设计、教学视频等，展示自己在教学中取得的成果和创新实践。

通过展示教学案例，教师们可以详细介绍自己成功的教学经验，包括教学目标、教学策略、教学过程以及学生学习成果等方面的内容。这样的展示可以让其他教师更直观地了解到教师们的教学理念和方法，从而启发他们在自己的教学实践中进行创新和探索。

此外，教师们还可以通过展示教学设计，分享自己在教学过程中的设计思路和方法。他们可以介绍教学内容的选择和安排、教学活动的设计和组织、教学资源的利用等方面的内容，从而为其他教师提供借鉴和启示。

教师们还可以利用教学视频等形式，展示自己在课堂教学中的实际操作和效果。通过展示教学视频，其他教师可以更直观地了解到教学过程中的细节和变化，从而更好地理解和运用教学方法和策略。

总体而言，教师能力比赛为教师们提供了一个展示教学成果和分享经验的平台，有助于促进教师们之间的交流与合作，推动教育教学事业的不断创新和发展。

2. 教学成果的评价与改进

在教学能力比赛中，教师们不仅可以展示自己的教学成果，还可以接受来自专家和同行的评价和建议。这种评价与建议对于教师们进一步改进和提升教学成果至关重要。

通过专家评审，教师们可以获得专业的评价和建议，帮助他们发现自己教学工作的优势和不足。专家评审可以从教学设计、教学实施、学生评价等方面对教师的教学成果进行全面评价，为教师们提供改进教学的指导和帮助。

同时，教师们还可以通过与同行的交流和讨论，接受来自其他教师的意见和建议。同行评价可以帮助教师们从不同的角度审视自己的教学成果，发现问题并寻求解决之道，促进彼此之间的共同成长和进步。

教师们还可以利用比赛的平台，开展教学成果的自我评价和反思，对自己的教学工作进行深入分析和总结，发现问题并及时调整和改进教学策略，提高教学质量和效果。

总体而言，教师能力比赛为教师们提供了一个接受评价和改进教学成果的机会，有助于推动教学工作的不断创新和改善。

四、激励教师个人成长与发展

（一）展示才华和能力的平台

1. 比赛选拔的机会

参加教师能力比赛为教师们提供了展示自己才华和能力的绝佳机会。这样的比赛往往是通过选拔和评选的方式进行，优秀的教师将有机会脱颖而出，得到更多的认可和重视。

通过比赛的选拔过程，教师们可以展示自己在教学创新、科研成果和教学能力方面的优秀表现。他们可以通过教学案例、教学设计、教学视频等形式，向评委展示自己在教育教学领域的才华和成就。

比赛选拔的机会不仅能够让教师们获得荣誉和奖励，还可以为其带来更多的职业发展机会。优秀的教师往往能够受到学校、教育机构甚至教育部门的重视和青睐，得到更多的发展机会和提升空间。

通过参加比赛选拔，教师们还可以与其他优秀教师进行交流和合作，共同探讨教学问题和挑战，促进教学工作的改进和发展。这种交流与合作有助于教师们相互学习、共同进步。

总体而言，比赛选拔的机会为教师们提供了展示自己才华和能力的重要平台，有助于推动教育教学事业的不断发展和进步。

2. 提升自信心和自豪感

比赛的获奖和荣誉能够极大地提升教师的自信心和自豪感。优秀的表现不仅可以为教师带来荣誉和奖励，还能够增强其在同事和学生中的影响力和地位。

获得比赛的荣誉和奖励可以成为教师们职业生涯中的重要里程碑，为他们带来巨大的成就感和满足感。这种成就感和满足感有助于激发教师进一步提升教学能力的动力和激情。

此外，比赛的获奖和荣誉也能够增强教师在学校和社会中的认可度和影响力。优秀的表现可以为教师赢得更多的赞誉和尊重，进而提升其在职场和社会中的地位和声望。

通过比赛的参与和获奖，教师们还可以建立起自己的教学品牌和形象，成为学生和家长心目中的优秀教师。这种认可和尊重将进一步增强教师的自信心和自豪感，为其未来的教学事业奠定坚实的基础。

总体而言，比赛选拔的机会和获奖荣誉能够极大地提升教师的自信心和自豪感，激发其进一步提升教学能力的热情和动力。

（二）自我完善与提升

1. 发现不足之处

比赛为教师们提供了一个发现自己不足之处的重要机会。在比赛的紧张氛围中，教师们经常会面临各种挑战和竞争，从而更容易发现自己的不足之处。例如，在教学设计、课堂管理、学生互动等方面可能存在不足，通过比赛的反馈和评价，教师们可以及时发现并加以改进。

比赛中与其他教师的交流和比拼也是发现不足之处的有效途径。与其他优秀教师的比拼可以帮助教师们更清晰地认识到自己的不足之处，比如教学方法的局限性、教学策略的不足等。这种比拼和交流有助于教师们深入思考和反思自己的教学实践，发现并改进不足之处。

除了比赛本身的过程外，教师们还可以通过比赛前的准备和规划，以及比赛后的总结和反思，不断发现自己的不足之处。比赛前，教师们可以仔细分析自己的教学经验和教学实践，找出可能存在的问题和不足之处，并制定相应的改进计划。比赛后，教师们可以结合评审和同行的反馈意见，进行深入的反思和总结，及时调整和改进教学策略，提升自己的教学水平和能力。

总体而言，比赛为教师们提供了一个发现自己不足之处的重要机会。通过比赛的参与和经历，教师们能够更加清晰地认识到自己的教学不足，并采取相应的措施加以改进和提升。

2. 不断学习和提升

比赛促使教师不断学习和提升，这体现在教师们为了在比赛中取得好成绩而不断努力学习和提升自己的教学能力。为了胜出，教师们常常会积极钻研教学理论、探索教学方法、提升教学技能，以确保自己在比赛中能够发挥出最佳水平。

参加比赛需要教师们具备丰富的教学经验和教学技能，因此比赛本身就是一种学习和提升的过程。在比赛的准备过程中，教师们需要深入研究教学理论，总结教学经验，不断提高自己的教学水平和能力。

比赛不仅促使教师们不断学习和提升，还激发了他们的创新意识和创造力。为了在比赛中脱颖而出，教师们常常会尝试各种新的教学方法和策略，挖掘教学资源和教材，从而不断创新和改进自己的教学方式，提升教学效果和学生学习成绩。

此外，比赛的结果也是教师们学习和提升的重要反馈。无论是获奖还是未获奖，教师们都可以从比赛的过程中吸取教训和经验，总结成功的经验和失败的教训，进而不断完善和提升自己的教学水平和能力。

（三）职业晋升的机会

1.获取更多的机会和空间

比赛为教师们提供了一个独特的舞台，让他们展示自己的教学能力和专业水平。通过比赛，教师们能够获得更多的机会和空间，进一步展示自己的才华和能力。在比赛中获得的荣誉和奖励，不仅可以提升教师的自信心和职业认同感，还能够加深学校和社会对其的认可和重视，为其职业晋升打下坚实的基础。

比赛的成功可以为教师们带来更广阔的发展空间和机会。优秀的比赛成绩通常会吸引更多的关注和赞誉，为教师们在职业发展中赢得更多的机会和资源。例如，他们可能会受邀参加更多的教育研讨会、学术交流会或领导力培训，与更多的优秀同行和专家进行交流和合作，从而不断提升自己的教学水平和能力。

通过比赛，教师们还可以展示自己的创新能力和领导才华。在比赛中，他们可以展示自己在教学设计、课堂管理、学生激励等方面的创新理念和实践成果，从而获得更多的认可和支持。这种创新能力和领导才华的展示有助于教师们在学校和社会中获得更多的机会和资源，实现职业晋升和发展。

2.拓展职业发展路径

比赛的成功为教师们拓展了职业发展的新路径。通过比赛，教师们可以展示自己的教学能力和创新成果，从而吸引更多的关注和支持。在比赛的背后，教师们有机会参与更多的教育项目和科研项目，拓展自己的职业发展领域和发展方向。

比赛的成功为教师们打开了职业发展的新门户。在比赛中展示出的教学能力和创新成果，可能会引起学校领导和教育机构的重视，从而为教师们提供更多的晋升机会和职业发展空间。例如，他们可能会被提拔为学科带头人、教研组长或学校管理者，担任更高级别的教育职务，实现职业晋升和发展。

通过比赛的成功，教师们还可以获得更多的资源和支持，促进职业发展的多元化和全面化。例如，他们可能会获得更多的科研经费、教学资源或学术交流机会，从而拓展自己的教育研究领域，提升自己的教学水平和学术影响力。

总体而言，比赛的成功为教师们拓展了职业发展的新路径和新机会，为他们的职业晋升和发展注入了新的活力和动力。

第二节　教学能力比赛的组织与实施

一、确定比赛主题与内容

（一）确定比赛主题

针对高等职业教育的"三教"改革，教学能力比赛的主题应当紧密围绕教学方法创新、课程建设与改革、教学质量评价等方面展开。这一主题的选择旨在深入挖掘高等职业教育领域的教学实践，并针对当前面临的挑战和需求提出切实可行的解决方案。

第一，教学方法创新是高等职业教育"三教"改革的重要内容之一。在教学能力比赛中，教师们可以探讨和展示各种创新的教学方法，包括但不限于项目化学习、合作学习、问题解决式学习等。通过这些创新的教学方法，教师们可以激发学生的学习兴趣，提高教学效果，适应和推动"三教"改革的深入开展。

第二，课程建设与改革是"三教"改革的核心内容之一。在比赛中，教师们可以分享自己的课程建设经验，探讨课程设置、教学目标、教学内容和教学方法等方面的创新与改革。通过这些探讨和分享，教师们可以为高等职业教育的课程建设提供宝贵的经验和启示，推动课程的更新与优化，提升教学质量和水平。

第三，教学质量评价是保障"三教"改革顺利进行的重要保障之一。在比赛中，教师们可以分享自己的教学评价方法和经验，探讨如何科学、全面地评价学生的学习情况和教学效果。通过这些讨论和分享，教师们可以共同探索"三教"

改革下的教学质量评价体系，为教育教学改革提供有益的借鉴和参考。

（二）确定比赛内容

在教学能力比赛中，将深入探讨以下三个方面。

1.教学设计

教学设计是教学活动的基础，它直接关系到教学目标的实现和教学效果的提高。在教学设计方面，教师需要根据课程目标和学生需求，设计具有创新性和实践性的教学方案。这包括课程设置、教学内容和教学方法等方面。比赛可以鼓励教师展示他们在设计课程时的创新思维和实践经验，特别是如何结合"三教"改革的要求，设计出符合现代教育理念和实际需求的教学方案。教师可以说明他们选择的教学方法如何促进学生的参与和学习效果，并展示他们如何利用教学资源，如多媒体、实践活动等，来支持他们的教学设计。

2.课堂教学

课堂教学是教学活动的核心环节，也是教师与学生直接交流和互动的地方。在课堂教学方面，比赛可以重点关注课堂活动设计、教学方法的选择与运用，以及教学资源的利用。教师们可以展示他们在课堂上采用的各种教学方法，如讲授、讨论、案例分析、小组合作等，并说明这些方法是如何有助于实现教学目标的。特别是，他们可以展示如何根据不同的学习者特点和学科特点，设计差异化的课堂活动，以提高学生的学习效果和参与度。

3.学生评价

学生评价是教学过程中的重要环节，它反映了教学效果和学生学习情况。在学生评价方面，教师可以探讨如何科学、全面地评价学生的学习情况和教学效果。他们可以分享各自的评价方法和工具，如考试、作业、项目评估、课堂表现评价等，以及这些评价方法是如何与教学目标和"三教"改革的要求相匹配的。此外，教师还可以讨论如何利用学生反馈和自我评价来改进他们的教学实践，以及他们在评价过程中遇到的挑战和解决方案。

二、制定比赛方案与规则

（一）比赛组织形式

教学能力比赛的组织形式应当多样化，以满足不同教师参赛的需求和特点。其中，个人赛、团队赛和混合赛是常见的比赛形式。

个人赛突出了个体教师的教学能力和创新思维。在个人赛中，每位参赛教师都能够独立展示自己的教学实践和成果，充分体现个人的专业水平和教学特点。这种形式适合那些希望独立展示自己能力和想法的教师，也能够激发个人的竞争意识和创新潜力。

团队赛则促进了教师之间的合作与交流。在团队赛中，教师们可以组成小组，共同设计教学方案、开展教学实践，并共同分享成果。这种形式有利于促进团队合作精神的培养，增强教师之间的交流和互助，有助于形成集体智慧，推动教学改革和提升教学质量。

混合赛则融合了个人赛和团队赛的优势，提供了更多的参赛选择。在混合赛中，教师可以选择个人赛或团队赛的形式进行参赛，根据自己的需求和意愿进行选择。这种形式既能够满足教师展示自己能力的需求，又能够促进教师之间的合作和交流，兼顾了个人和团队的优势。

在比赛组织过程中，可以设置初赛、复赛和决赛等环节，根据参赛人数和比赛情况进行适当调整。初赛可以筛选出优秀的参赛者，复赛可以进一步深入评价教师的教学能力和创新成果，而决赛则是最终的角逐和评选环节，确保比赛的公平、公正和严肃性。通过这些环节的设置，可以更好地展示教师们的教学水平和创新能力，为教育教学改革和发展提供更多的经验和启示。

（二）评审标准

评审标准的设立应该遵循合理、客观、全面的原则，以确保对教学能力比赛参赛作品的公正评价。以下是评审标准的具体细化。（见图 6-1）

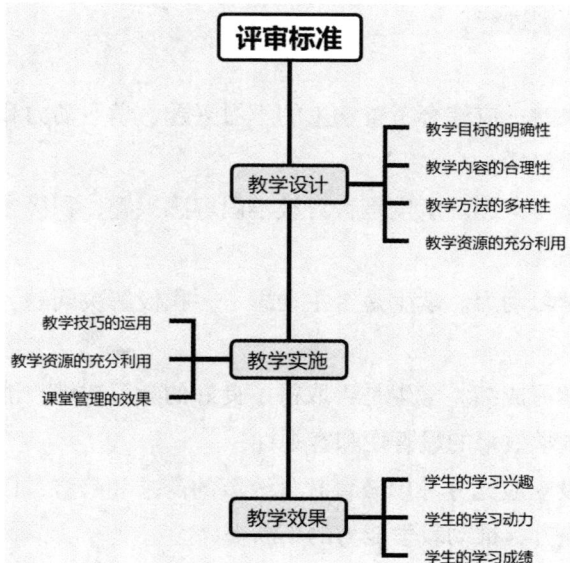

图 6-1　评审标准架构图

1. 教学设计

评审教学设计时，应重点考察其科学性、针对性和创新性。具体指标包括：

（1）教学目标的明确性。教学目标是否清晰具体，能够有效指导学生的学习方向。

（2）教学内容的合理性。教学内容是否与教学目标相一致，符合学生的认知水平和学科特点。

（3）教学方法的多样性。教学方法是否灵活多样，能够满足不同学生的学习需求，提高教学的针对性和有效性。

（4）教学资源的充分利用。教师是否充分利用了各种教学资源，如多媒体、实践活动等，丰富教学内容，激发学生的学习兴趣。

2. 教学实施

评审教学实施时，应关注教师的教学技巧、教学资源的充分利用和课堂管理的效果。具体指标包括：

（1）教学技巧的运用。教师是否具有良好的教学技巧，能够生动有趣地传授知识，激发学生的学习兴趣。

（2）教学资源的充分利用。教师是否合理利用了各种教学资源，如教材、多媒体设备等，丰富教学内容，提高教学效果。

（3）课堂管理的效果。教师是否能够有效管理课堂秩序，保持学生的注意力集中，确保教学顺利进行。

3. 教学效果

评审教学效果时，应综合考查学生的学习兴趣、学习动力和学习成绩等方面的表现。具体指标包括：

（1）学生的学习兴趣。学生是否对教学内容感兴趣，积极参与课堂活动，表现出良好的学习态度。

（2）学生的学习动力。学生是否主动思考，积极解决问题，展现出持续的学习动力和进取心。

（3）学生的学习成绩。学生是否取得了良好的学习成绩，能够达到预期的教学目标，体现出教学效果的显著性和客观性。

评审标准的设立应充分考虑教育教学改革的需求和趋势，以引导教师关注教学质量和效果的提升，推动教学能力的不断提高。

（三）奖励办法

为了激励教师参与比赛并取得优异成绩，可以设计以下丰厚的奖励机制。（见图 6-2）

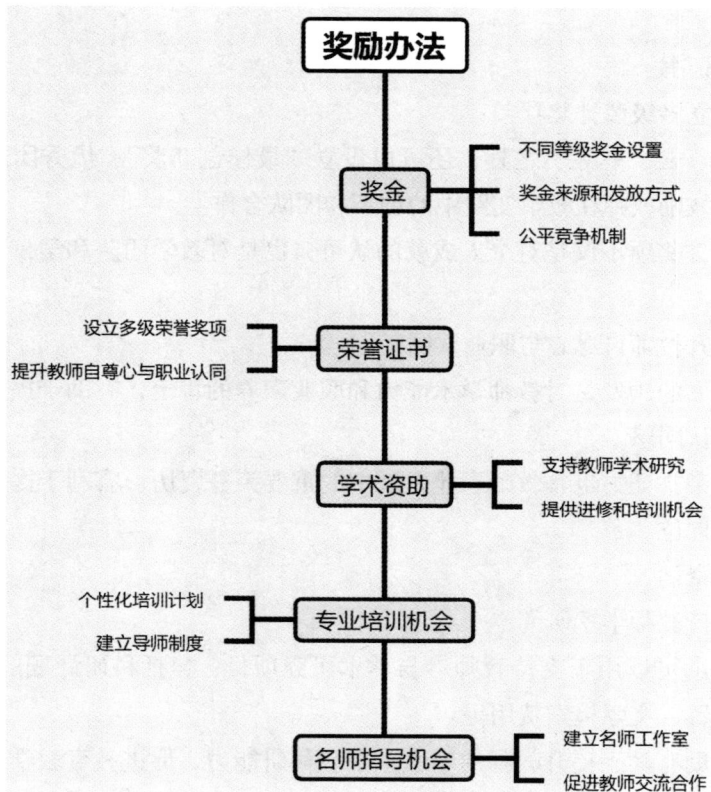

图 6-2 奖励办法架构图

1.奖金

（1）不同等级奖金设置

针对不同比赛等级和教师表现，设立差异化的奖金数额，以激励教师积极参与和努力竞争。

比如，一等奖设定为最高金额，二等奖次之，依此类推。这样的设置能够通过奖励其在教学比赛中的优异表现，鼓励教师追求卓越。

（2）奖金来源和发放方式

奖金可由学校、教育部门或企业赞助，并建立专门的奖励基金。

奖金发放可以采用现金形式，也可转化为福利或教育资源，如购买教学器材、图书或提供进修机会。

（3）公平竞争机制

为确保公平竞争，奖金评定应该透明、公正，并建立专门的评审委员会。

教师的参与过程、成绩和评价标准应公开透明，避免出现不公平竞争或腐败现象。

2.荣誉证书

（1）设立多级荣誉奖项

除了一、二、三等奖之外，还可以设立"最佳创新奖""优秀团队奖"等特别奖项，以鼓励教师在教学实践中的创新和团队合作。

这些荣誉奖项不仅是对个人成就的认可，也是对教学团队和学校教育工作的肯定。

（2）提升教师自尊心与职业认同

荣誉证书的颁发是对教师学术能力和职业素养的肯定，有助于提升教师的自尊心和职业认同感。

同时，荣誉证书也是教师事业发展中的重要荣誉资历，有利于提升其在教育界的声望和地位。

3.学术资助

（1）支持教师学术研究

学术资助可以用于支持教师参与学术研究项目，包括科研课题的启动经费、实验设备购置、文献检索费用等。

这种资助有助于提升教师的学术水平和科研能力，促进教育教学改革和学科建设。

（2）提供进修和培训机会

学术资助还可以用于支持教师参加国内外学术会议、研讨会、培训班等进修活动，拓宽其学术视野和国际交流。

这样的机会有助于教师了解最新的教育理论和方法，提升其教学水平和专业素养。

4.专业培训机会

（1）个性化培训计划

针对不同层次和专业领域的教师，设计个性化的培训计划，以满足其专业发展需求和兴趣。

培训内容可以涵盖教学方法、课程设计、评价方法、教育技术等方面，帮助教师不断提升自己的教学水平和教育理念。

（2）建立导师制度

建立导师制度，为教师提供一对一的指导和辅导，帮助其解决教学中的困惑和问题。

导师可以是学校内部的资深教师，也可以是外部教育专家，通过与教师的交流和互动，促进其专业成长和发展。

5.名师指导机会

（1）建立名师工作室

建立名师工作室或专家库，邀请国内外教育领域的专家和名师担任顾问或指导，为教师提供专业化的指导和支持。

教师可以通过参观名师课堂、听取专家讲座、参与教学观摩等方式，学习他们的教学经验和教育理念，提升自己的教学水平和创新能力。

（2）促进教师交流合作

组织教师交流活动，促进教师之间的交流合作和共同成长。

教师可以通过分享教学经验、探讨教育问题、开展合作研究等方式，相互学习、借鉴，共同推动教育事业的发展和进步。

三、组织比赛筹备与宣传工作

（一）比赛筹备工作

为确保比赛的顺利进行，需要进行充分的筹备工作。

1.确定比赛的时间和地点

（1）教学日程安排

根据学校的教学日程安排，选择适合的时间段进行比赛。避免与重要考试、活动等时间冲突，以确保教师能够充分参与比赛。

考虑到教师的工作情况，尽量选择在课余时间或假期进行比赛，减少对教学工作的干扰。

（2）比赛地点选择

选择宽敞明亮的教室或会议厅作为比赛场地，确保能够容纳所有参赛教师和评审专家，并提供舒适的比赛环境。

考虑到交通便利性和场地设施情况，选择地理位置较为便利、设施完备的场所，方便参赛教师的到达和比赛的顺利进行。

2.邀请资深教育专家担任评审

（1）确定评审标准和要求

制定详细的评审标准和要求，明确参赛作品应具备的教学特点、创新亮点等方面。

确保评审标准公平公正，能够客观准确地评价参赛作品的质量和水平。

（2）邀请专家名单确定

邀请具有丰富教育经验和权威性的专家担任评审，可以包括学校内外的教育专家、教研组长、学科带头人等。

确保评审专家具有相关教育背景和经验，能够全面深入地评价参赛作品，为比赛结果的公正性提供保障。

3.准备比赛所需的各类材料和设备

（1）教学材料准备

根据比赛的主题和内容，准备所需的教学材料，包括课件、教案、教学示范等。

确保教学材料的质量和完整性，能够充分展示参赛教师的教学思路和方法。

（2）教学设备和场地准备

准备比赛所需的教学设备，包括投影仪、电脑、音响设备等，确保比赛现场设备完好，能够顺利使用。

选择合适的比赛场地，确保场地宽敞明亮，配备充足的座椅和桌子，满足参赛教师和评审专家的需求。

（3）制定比赛流程和安排

制定详细的比赛流程和安排，包括报到时间、开幕式安排、比赛环节安排等，确保比赛能够有条不紊地进行。

安排专人负责比赛现场的组织和协调工作，保障比赛顺利进行，有效控制比赛时间。

通过以上筹备工作，可以确保比赛的顺利进行，为教师们提供一个展示自己教学成果和交流学习的平台，促进教育教学水平的提升和发展。

（二）宣传工作

为吸引更多的教师参与比赛，需要进行广泛的宣传工作。

1.利用校园媒体进行宣传

（1）发布比赛通知和宣传海报

在校园网站、校报校刊等官方媒体上发布比赛通知，介绍比赛的背景、意义和参与方式，吸引教师们的关注。

设计精美的宣传海报，张贴在学校各个重要场所，如教室门口、教师办公室、食堂等，提醒教师们参与比赛。

（2）利用微信公众号进行推广

建立专门的微信公众号，用于发布比赛相关信息和宣传活动。通过推送文章、图片、视频等形式，吸引教师们的关注和参与。

定期更新比赛进展情况和参赛教师的故事，增加互动性和参与感，激发更多教师的积极性。

2.组织宣讲会和培训班

（1）宣讲会的组织与安排

邀请比赛组织者、相关专家和资深教师组织比赛宣讲会，介绍比赛的背景、目的、规则和奖励机制，解答教师们的疑问。

安排宣讲会的时间地点并提前通知教师们，确保他们能够参加并了解比赛的相关信息。

（2）举办培训班提供指导与支持

举办针对教师的培训班，培训内容包括比赛参与技巧、教学创新方法、课程设计等方面的知识和技能，帮助教师们提升比赛的参与水平。

邀请教育专家和成功经验者进行授课，分享教学经验和教学案例，激发教师们的创新思维和教学热情。

3.鼓励学校各单位和教学部门的支持

（1）倡导学校领导的支持

向学校领导汇报比赛的意义和重要性，争取领导的大力支持和关注，包括资金、场地、人力等方面的支持。

鼓励学校领导参与比赛宣传活动，为比赛增添威信和号召力。

（2）动员各单位和教学部门的积极参与

组织院系内部的宣传推广活动，动员教师们积极参与比赛。可以设立宣传展板、举办宣传活动、组织集体报名等方式。

鼓励各单位和教学部门派遣教师参加培训班和宣讲会，提高他们对比赛的了解和参与意愿。

第三节　教学能力比赛成效评估

一、评价参赛教师的教学水平和能力

评价参赛教师的教学水平和能力是比赛成效评估的核心内容之一。评价应该围绕教学案例、教学设计、课堂教学表现等方面展开，以全面、客观的方式来评价参赛教师的表现。评审专家需要具有丰富的教学经验和专业知识，以确保评价的客观性和准确性。

（一）教学案例评价

教学案例是参赛教师展示教学能力和教学理念的重要材料，评价教学案例可以从以下几个方面进行。

1. 科学性评价

教学案例的科学性是评价教学案例的基础，它体现了教学活动的合理性和教学设计的科学性。评审人员应该从教学案例所涉及的教学理论、教育原则、学科知识等方面进行评估，确保教学案例的设计符合科学教育原则，并能够有效地传递知识和培养学生的能力。

2. 创新性评价

创新性是教学案例的重要特征之一，体现了教师在教学设计中的独特思考和创新实践。评审人员需要评价教学案例中所体现的创新之处，包括采用了何种新颖的教学方法、教学资源或教学技术，以及这些创新是否能够有效提升教学效果和学生学习动力。

3. 实践性评价

教学案例的实践性是评价教学案例的关键因素之一，它体现了教学案例在实际教学中的可行性和实用性。评审人员需要考察教学案例是否具有实践指导意义，是否能够在实际教学中有效应用，并能够解决实际教学中的问题和挑战。

对"三教"改革的贯彻落实：评价教学案例是否充分融入了"三教"改革的理念和要求，是否能够有效地促进学生能力的全面发展。

（二）教学设计评价

教学设计是教师教学工作的基础，评价教学设计的合理性和有效性可以从以下几个方面入手。

1. 课程设置评价

评价教学设计中的课程设置是否贴近学科发展趋势和学生学习需求是关键。评审人员应该分析教学设计中所包含的课程内容是否具有系统性和完整性，是否能够全面覆盖教学目标所涉及的知识点和技能要求。

2. 教学目标评价

评价教学设计中的教学目标是否明确、具体、可操作是教学设计评价的关键点之一。评审人员需要审查教学设计中所明确的教学目标是否能够有效指导教学实施，是否能够确保学生在教学过程中能够达到预期的学习效果。

3. 教学内容评价

教学设计中的教学内容应该与教学目标相一致，能够贴近学生的生活和实际需求。评审人员需要评估教学设计中所包含的教学内容是否能够满足学生的学习需求、是否能够引发学生的兴趣和思考，以及是否能够促进学生的综合能力的提升。

4. 教学方法评价

评价教学设计中所采用的教学方法是否多样化、灵活性是教学设计评价的重要内容之一。评审人员应该分析教学设计中所使用的教学方法是否能够根据不同的教学内容和学生特点进行灵活调整、是否能够激发学生的学习兴趣和参与度，以及是否能够促进学生的自主学习和合作学习。

（三）课堂教学表现评价

课堂教学是教学能力的直接展示，评价课堂教学表现可以从以下几个方面进行。

1. 课堂活动设计评价

评价教师在课堂上设计的教学活动是否丰富多样是至关重要的。评审人员应该观察教师在课堂上的教学活动设计是否能够激发学生的主动参与和思考，是否能够满足不同学生的学习需求。此外，还需要评估教师是否根据教学内容和学生特点合理安排课堂活动的顺序和时间分配。

2. 教学方法运用评价

评价教师在课堂上运用的教学方法是否得当是课堂教学表现评价的重点之一。评审人员需要分析教师在课堂上所采用的教学方法是否能够有效地促进学生的学习和发展、是否能够引导学生思考和探索，以及是否能够激发学生的学习兴趣。此外，还需要评估教师是否能够根据学生的反馈和课堂实际情况及时调整教学方法，以提高教学效果。

3. 教学资源利用评价

评价教师是否充分利用各种教学资源也是课堂教学表现评价的重要内容之一。评审人员需要考察教师在课堂上是否充分利用了教材、多媒体设备、实验器材等各种教学资源来丰富课堂教学内容，提高学生的学习效果。此外，还需要评估教师是否能够根据教学目标和学生需求灵活选择和运用教学资源，以满足不同学生的学习需求。

4. 与学生的互动效果和课堂管理能力评价

评价教师与学生之间的互动效果和课堂管理能力也是课堂教学表现评价的重点之一。评审人员应该观察教师与学生之间的互动情况，包括教师是否能够与学生建立良好的师生关系、是否能够有效地引导学生参与课堂活动，以及是否能够灵活处理课堂管理问题。此外，还需要评估教师是否能够根据学生的反馈及时调整课堂氛围，以保持课堂秩序和学习效果。

二、总结比赛的经验和教训

总结比赛的经验和教训是促进比赛持续改进和提高的关键步骤。在对比赛的组织与实施过程进行总结时，需要全面分析比赛中存在的问题和不足之处，并提出具体的改进和完善建议。同时，也要充分肯定比赛取得的成绩和进步，以激励教师继续努力，推动教学工作的不断提升。总结的内容可以包括但不限于以下几个方面。

（一）比赛组织与实施经验总结

1. 创新的组织形式

比赛采用了个人赛、团队赛和混合赛等多种形式，这种创新形式充分考虑到了不同教师的特点和需求。个人赛突出了个体教师的教学能力和创新思维；团队赛促进了教师之间的合作与交流；混合赛则兼顾了个人和团队的优势，提供了更多的参赛选择。这种多样化的组织形式不仅扩大了比赛的参与度，还提高了比赛的公平性和灵活性。

2. 宣传推广效果显著

比赛通过校园网站、校报校刊、微信公众号等多种渠道进行宣传推广，取得了良好的宣传效果。通过宣传推广，吸引了大量教师积极参与比赛，提高了比赛的知名度和影响力。宣传渠道的多样化和覆盖面的广泛性是比赛成功的重要保障，也为未来的比赛筹备提供了宝贵的经验。

3.严谨公正的评审流程

比赛设立了专业的评审团队，评审标准明确，评审过程公开透明，确保了比赛评审的公正性和客观性。评审团队的专业性和严谨性保证了比赛评审的权威性和可信度，为参赛教师提供了公平、公正的竞争环境。此外，公开透明的评审流程也增强了参赛教师对比赛结果的信任和认可，进一步提升了比赛的质量和声誉。

（二）问题和不足之处分析

1.参赛教师准备不足

一些参赛教师在教学案例准备和教学设计方面存在不足，这可能是由于缺乏相关经验或准备时间不足等原因所致。这种情况影响了比赛的整体质量，因为教学案例和教学设计是比赛评价的重要依据。未来需要通过提前培训、指导和资源支持等方式，帮助参赛教师提升准备水平，以确保比赛的质量和竞争力。

2.评审标准不明确

在比赛中存在部分评审标准不够清晰具体的情况，导致了评审过程中的主观性和不一致性，进而影响了评审结果的公正性。评审标准的不明确可能会导致评审专家对教学案例和表现的评价产生偏差。因此，未来比赛需要进一步明确和细化评审标准，确保评审过程的客观性和公正性。

3.宣传推广渠道有限

尽管进行了多种渠道宣传推广，但仍有部分教师未能及时了解比赛信息，导致参赛人数不够理想。这可能是因为宣传推广渠道覆盖面不够广泛或者宣传效果不够明显。未来需要进一步优化宣传推广策略、拓展宣传渠道、强化宣传效果，确保更多的教师能够充分了解比赛信息并参与其中。

（三）改进和完善建议提出

1.加强参赛教师培训

针对性地组织教师培训活动，包括教学设计、课堂教学技巧、教学资源利用等方面的培训课程。培训内容应与比赛要求相匹配，帮助参赛教师提升教学能力和竞争力。同时，可以邀请资深教育专家和优秀教师分享经验，提供实用的教学指导和建议。

2.优化评审标准

进一步完善评审标准，确保其科学、客观、全面。评审标准应包括教学设计的科学性、创新性，课堂教学的生动性、互动性，以及教学效果的可衡量性等方面。此外，可以建立多维度的评审体系，充分考虑教学多样性和特点，确保评审结果的公正性和准确性。

3.拓展宣传推广渠道

加大对比赛的宣传力度，拓展宣传推广渠道，提高比赛的知名度和影响力。除了校园网站、校报校刊、微信公众号等传统宣传渠道外，还可以利用社交媒体、教育平台、行业协会等渠道进行宣传。同时，可以邀请校领导、知名教育专家等人士发表支持和推荐的文章，提升比赛的权威性和吸引力。

第四节 教学能力比赛案例分析

一、案例一：《教学设计与实施》比赛

《传统风貌民宿客房单体建筑设计》是高职建筑设计专业课程基于教学能力比赛进行课堂改革的成果。该课程重构了教学内容，以古今案例融合重构教学内容，以匠心筑造、文化传承为主线进行课程思政系统设计；创新双线引领、两融四通教学模式，多方位构建教学资源，多元融合教学评价；以 BOPPPS 为框架，"三阶六步"推进课堂实施，提高学生的知识、能力、素质水平。

（一）教学内容重构与思政系统设计

教学内容重构与思政系统设计是我们持续不断迈向职业教育高质量发展的重要一环。通过深入研读《职业教育提质培优行动计划（2020—2023 年）》等相关部署，以此为指引，我们不断推进"三教"改革。在课程设计中，始终坚持以学生为中心，积极创新教学方法。通过运用信息化手段、融合线上线下教学等多样化方式，激发学生的学习兴趣，促进他们的全面发展。此外，还针对岗位需求，自主开发了适应性强、内容丰富的活页式教材，以更好地满足学生的学习需求。

1.突破传统，重构教学内容

公共建筑设计是高职建筑设计类专业的核心课程之一，主要培养助理建筑师岗位人员。依据现在建筑行业热点，我们积极贯彻党和国家乡村振兴战略部署和

文化强国奋斗目标，将传统风貌民宿建筑设计列为课程的一个重要内容，并进行了课程优化与重构。

（1）"历新融构"课程模块再塑

我们的课程重塑秉持着"历新融构"的理念，旨在将传统建筑文化与现代建筑设计相融合，创造出新的创新之道。我们追求着知识的渐进式深入、技能从基础到复杂的递进发展。本课程设计共计72学时，分为现代建筑和传统建筑两大模块，并包含三个设计项目。"历"模块涵盖了现代建筑项目———"公园茶室设计"，以及现代建筑项目二——"幼儿园建筑设计"，每个项目包括16学时。"新"模块则聚焦于传统建筑项目三——"传统风貌民宿建筑设计"，共计32学时，具体分为总平面设计（6学时）、客房单体设计（16学时）和公共空间单体设计（10学时）。我们的参赛项目选自项目三的子项目二——"传统风貌民宿客房单体设计"。（见图6-3）

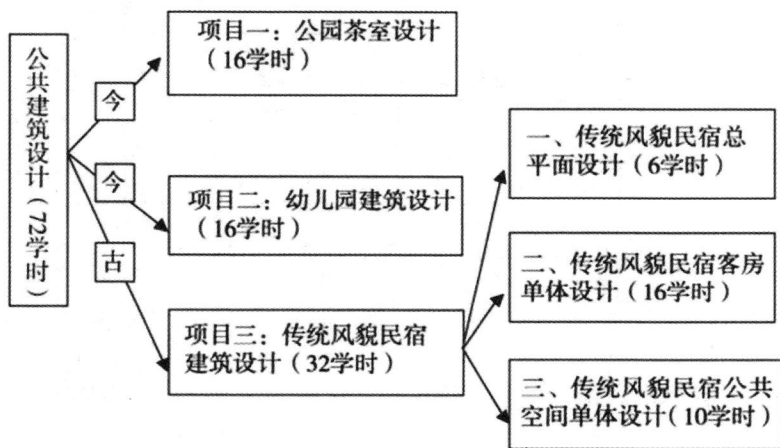

图6-3 课程模块重构

（2）岗课赛证有机融通

我们的课程重构基于岗位工作任务的实际需求，主要聚焦于"小型公共建筑方案设计"。按照岗位流程，包括绘图员、BIM建模员、助理建筑师、主创设计师等工作环节，涵盖方案图纸绘制、BIM模型制作、建筑方案构思、深化与汇报等内容。我们强调培养学生的绘图、BIM软件应用、方案构思与创新、新技术应用和方案汇报表达等能力。

赛课融合方面，我们以LZ县景区民宿建筑设计为背景，模拟助理建筑师岗位工作流程进行教学内容设计，包括项目分析、方案设计、优化与汇报等环节，并融入了国家非物质文化遗产侗族木构建筑技艺。我们的教学任务共分为 8 个阶段，涵盖民宿设计竞赛、大学生 BIM 设计竞赛中的工程设计和绿色建筑相关内容。

证课融合方面，我们紧密对接行业的绿色建筑新技术、新工艺和新材料，结合"1 + X"证书体系进行了内容重构。（见图 6-4）

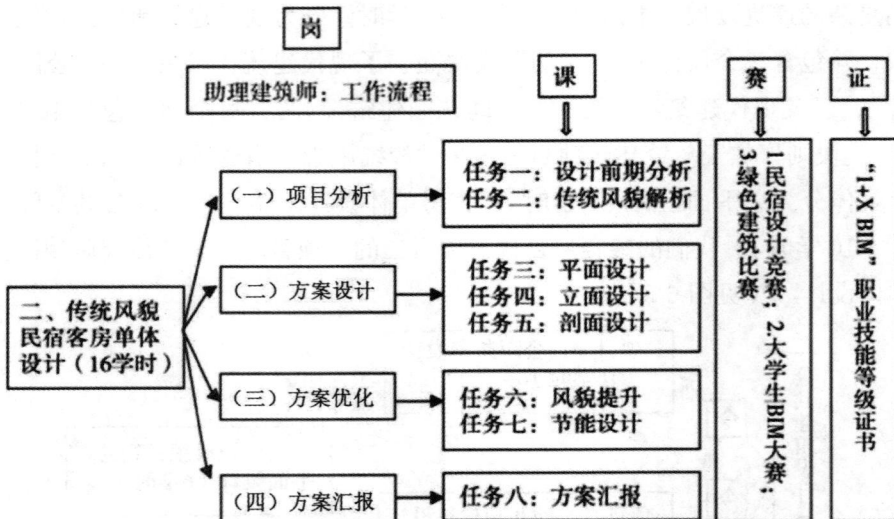

图 6-4　根据"岗课赛证"进行内容重构

2. 匠心塑造，文化融合

（1）整体构想

我们的课程思政设计以"匠心传承，文化融合"为核心，将国家非物质文化遗产中的传统建筑——侗族木构建筑作为主要内容，旨在将劳动精神、文化自信和家国情怀等思想元素融入教学过程，引导学生积极参与乡村振兴，树立正确的职业观和人生观。在"匠心传承"方面，我们注重培养学生的工匠精神、创新精神和劳动精神，以及增强他们的文化自信和民族自豪感。在"文化融合"方面，我们着重传承与创新相结合，让学生在设计实践中自觉发扬建筑文化。

（2）具体设计

我们的课程思政设计分为八个任务。首先是"设计前期分析"，通过案例展示和动画解说，引导学生发扬创新精神，为乡村振兴贡献力量。接着是"传统风貌解析"，让学生了解传统建筑之美，培养文化自信。然后是"平面设计"和"立面设计"，通过实操活动和软件应用，培养学生的团队合作和规范意识。接下来是"剖面设计"和"风貌提升",通过设计实践和案例学习,让学生体会传统文化的传承与创新。再者是"节能设计",通过小组探究和讨论,培养学生的绿色生态理念。最后是"方案汇报",通过模拟竞标环境,增强学生的职业荣誉感和家国情怀。整个课程设计巧妙地将思政教育融入教学实践中,达到了润物无声的效果。

(二)制定教学策略,改进教学活动

1.双线引领,融通创新模式

在真实项目与非物质文化遗产的双重推动下,我们将课内第一课堂与课外第二课堂相结合,采用"两融合,四融通"的线上线下混合式教学模式。整个教学模块设计以助理建筑师岗位工作流程为基础,将课程教学与实践操作有机融合,紧密对接真实项目民宿设计竞赛的要求,让学生在实践中深入学习,学以致用。

"两融合"即第一课堂与第二课堂的创新融合。课程单元教学以任务为驱动,细分为资讯、计划、决策、实施、检查、评价等环节。课堂教学遵循"三阶六步"模式,分别是课前、课中、课后三个阶段,以及前测、导入、目标设定、参与式学习、总结、后测等六个步骤。第二课堂则包括民宿设计行业竞赛、非遗传承研学社团活动、实地课外调研以及乡村振兴社会实践项目等活动,以丰富多样的课外实践活动激发学生的学习主动性,提升他们的实践能力和综合素质。

"四融通"即岗、课、赛、证的融通。在真实项目与非物质文化遗产的双重推动下,我们将第一课堂与第二课堂有机贯穿融合,以任务驱动的方式展开教学,使学生能够全方位地参与实践活动,获取更为丰富的学习体验。(图6-5)

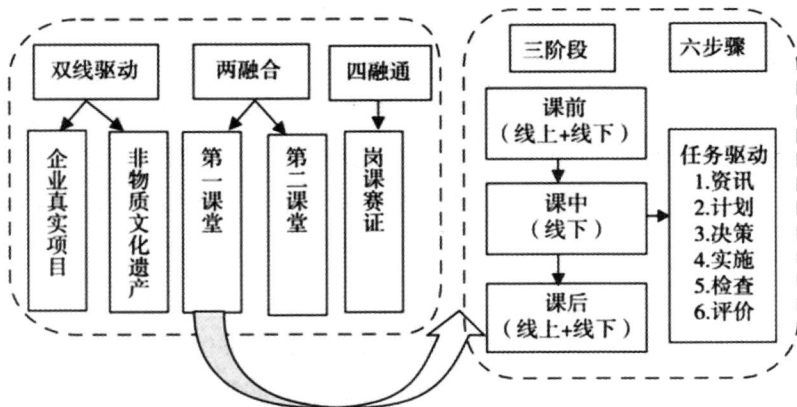

图6-5 教学模式示意图

2.校企共育，资源共建

我们利用职教云平台实现了线上线下师生之间的全面良性互动，并借助自主开发的交互式智能评图系统，实时有效地记录了学生学习的全过程。同时，我们与本地一流建筑企业展开了校企共建的合作，共同打造了建筑教学资源库。这个资源库将实际项目资源作为学生课内实训和课外拓展的重要支持，使学生能够直接接触到真实项目资源，实现了岗位技能与理论知识的深度融合，促进了校企之间的紧密合作。

3.多元融合教学评价

针对教学目标和行业规范，我们引入了建筑方案设计行业的标准，并结合行业竞赛和专业证书要求，构建了科学全面的评价指标体系。利用职教云平台和交互式智能评图系统，我们实现了对学生学习过程的全程跟踪和数据采集，注重了师生之间的互动，从知识、能力、素质三个维度对学生进行了实时动态评价和综合评价。我们关注学习过程中的价值增长，持续记录学生在各个方面的变化。在评价过程中，我们着重探索学生的职业素养、传统文化素养、个人能力素质以及方案设计能力等方面，将学校和企业等不同方面的评价融入其中，形成了多元综合的评价体系。

（三）BOPPPS 实践：三阶六步

在教学实践中，我们采用了"双线驱动，两融合四融通"的教学模式，并结合助理建筑师岗位流程，利用职教云平台和交互式智能评图系统进行教学。通过将国家非物质文化遗产营造技艺融入教学，我们实现了教师讲授、学生学习和设计传承的有机结合。下面以任务三"平面设计"为例，概述了具体实施过程。

1.课前准备阶段

在课前，教师上传了相关教学课件和建筑设计规范，要求学生完成相关预习任务，并进行了小测验。学生以小组形式完成了平面设计任务，并将成果上传至职教云平台。教师通过线上答疑和反馈，及时了解学生学习情况，并调整教学策略。

2.课中实施阶段

课中分为创设情景、探析任务、设计操练和总结评价四个阶段。在创设情景阶段，教师进行了课前小结，并通过数据分析展示了学生的预习效果，明确了本次课程的教学目标和任务。学生利用自主开发的活页式教材进行组内分工。在探析任务阶段，教师通过播放视频动画和分析实际案例，引导学生自主探究和学习相关知识，并进行了随机提问活动。在设计操练阶段，学生运用软件进行设计，并进行了作品展示与简单汇报，锻炼了表达能力。

3. 课后总结阶段

在总结评价阶段，教师引导学生使用智能评图系统对作品进行评价，实现了自评、互评、师评和企业评价的多方面评价。同时，教师对课程内容进行了总结提升，并布置了课后任务。在课后知识拓展环节，教师利用课程平台指导学生进一步修改设计方案，并针对不同层次的学生提出了不同的要求。最后，在教学反思阶段，教师对授课效果进行了全面深入的反思，并提出了改进建议，以促进教学的不断进步。

（四）特色创新与持续改进

1. 特色创新

（1）非遗文化贯穿，思政无声育人

教学团队将国家非物质文化遗产侗族木构融入建筑设计教学，让学生感受并设计具有侗族木构风格的建筑，让非物质文化遗产深入人心。学生在做中学、在学中做，文化育人主线贯穿教学全过程。教学同时融入中华优秀传统文化及中国优秀建筑文化，并将非遗传承贯穿始终，拓展了思政教育的深度与广度。

（2）创新教学模式，岗课赛证深度融合

教学中积极探索了基于工作过程系统化的"双线引领，两融合四融通"教学模式，以真实项目和文化主线贯穿课程始终，推动"岗课赛证"的深度融合，实现全员、全方位、全过程育人。

（3）教学示范引领，立足乡村振兴建设

教学内容全面贯彻乡村振兴战略，立足乡村建设，服务地方经济，符合人们对美好生活的向往这一特征和需求。通过引入真实的乡村振兴民宿项目，学生既能够感受到祖国、家乡的美好，激发出为乡村振兴建设的内在原动力，并获得学习的自豪感与成就感。同时，引入企业真实项目并运用于教学之中，实现教学与实践相结合的目的，进一步深化校企合作，让学生的专业知识更有效地服务产业。这一职业教育育人新方式的探索，具有可推广、可复制的示范引领价值。

2. 反思改进

本课程的教学设计在将非物质文化遗产融入课堂设计中表现出了新颖与有效的特点。通过有效结合专业知识与实践经验，以侗族木构为主线贯穿整个教学过程，使学生在学习中不仅仅获取了专业技能，更是深刻领悟到了文化传承的重要性。然而，在未来的相关研究中，我们可以从多个方面进行进一步的改进与探索。首先，除了侧重于侗族木构文化，我们可以拓展对其他文化遗产的研究与开发，进一步完善交互式智能评图系统，以更全面、更深入地融入多元文化元素，为学生提供更加丰富的学习资源与体验。在评图模块方面，需要进一步细化与规范，寻求更为有效的标准支撑，以确保评价的客观性与准确性。其次，我们需要注重学生的差异化，加强个性化辅导，以问题为导向，鼓励学生积极参与学习活动，从而增强他们的学习获得感与自信心，提升学习效果与质量。最后，校企合作是教育教学中不可或缺的一环，我们需要进一步完善校企合作长效机制，加大对信息化资源建设的投入力度，丰富信息化资源，以更好地满足学校教学和现场施工的需求，为学生提供更为实用与贴近实际的学习环境与机会。这些改进与探索将有助于提升教学质量，培养出更加全面与具有竞争力的专业人才，促进文化的传承与创新。

二、案例二：《课堂教学实施与评价》比赛

该比赛要求参赛教师选择一门代表性课程，展示其在课堂教学中的实施过程，并进行教学效果的评价与反思。比赛内容涉及课堂组织与管理、教学方法与手段的运用、学生参与互动等方面。参赛教师通过比赛，可以检验自己的教学实施能力和水平，发现问题并加以改进，进一步提升教学质量和效果。

（一）课堂组织与管理

1.教学目标明确，课堂结构合理

在比赛中，参赛教师需要清晰地确定教学目标，确保其与课程内容和学生需求相匹配。教学目标的设定应该具体明确，有利于指导教学过程和评价教学效果。在课堂组织方面，参赛教师应该合理安排课程结构，确保每个环节的紧密衔接，让学生在课堂中能够系统地学习和掌握知识。

2.学生管理有序，课堂秩序良好

课堂管理是教学过程中的重要环节，参赛教师需要在比赛中展示良好的学生管理能力。通过合理的座位安排、积极的沟通交流和有效的纪律管理，参赛教师可以维护课堂秩序，营造良好的学习氛围，促进教学效果的达成。

3.教学资源充分利用，课堂设施完善

在比赛中，参赛教师应该充分利用各类教学资源，包括教材、多媒体教学设备、教学软件等，以丰富的教学内容和形式吸引学生的注意力，提升教学效果。

同时，参赛教师需要确保课堂设施的完善和运转良好，为教学活动的顺利开展提供保障。

（二）教学方法与手段的运用

1. 多样化教学方法，激发学生兴趣

在比赛中，参赛教师应该灵活运用各种教学方法，包括讲授、讨论、实践、案例分析等，以多样化的方式呈现教学内容，激发学生的学习兴趣和主动性。通过活泼生动的教学方式，参赛教师可以提高学生的参与度和学习效果。

2. 个性化教学策略，关注学生差异

在比赛中，参赛教师应该根据学生的不同特点和学习需求，采用个性化的教学策略，关注每个学生的发展和进步。通过差异化教学，参赛教师可以更好地满足学生的学习需求，提高其学习动力和成绩。

3. 创新教学手段，提升教学效果

在比赛中，参赛教师可以尝试运用新颖的教学手段，如信息技术、互动游戏、实验演示等，以提升教学效果和吸引学生的注意力。通过创新的教学手段，参赛教师可以打破传统的教学模式，激发学生的学习兴趣，促进其知识的消化和吸收。

（三）学生参与互动

1. 激发学生思维，引导积极参与

在比赛中，参赛教师应该通过提问、讨论、小组活动等方式，积极引导学生参与课堂教学，激发其思维和创造力。通过充分调动学生的积极性和主动性，参赛教师可以提高课堂教学的活跃度和效果。

2. 强化师生互动，促进交流互动

在比赛中，参赛教师应该注重师生之间的互动交流，建立良好的师生关系，促进教学效果的达成。通过开放式的教学氛围和积极的互动方式，参赛教师可以促进师生之间的沟通交流，增强学生的学习体验和成效。

3. 鼓励团队合作，培养合作精神

在比赛中，参赛教师可以组织学生进行团队合作，共同完成课堂任务和项目，培养学生的合作精神和团队意识。通过团队合作，参赛教师可以促进学生之间的相互理解和信任，提高其解决问题和合作的能力，为其未来的学习和工作奠定良好的基础。

（四）案例特色创新与持续改进

1. 教学案例选取与展示

参赛教师在比赛中精心选择具有代表性的课程，并结合自身教学实践，展示课堂教学的全貌。特色在于教学案例的选取不仅注重课程的重要性和代表性，还注重教学过程的具体操作和效果展示。通过详细展示教学过程中的关键环节和教学策略，使评委和其他教师能够深入了解教学实践，从而更好地进行评价和反思。

2. 教学方法与手段的创新

参赛教师在比赛中不断探索和尝试新的教学方法和手段，以提升教学效果和学生的学习体验。特色在于教学方法和手段的创新不仅局限于表面的形式，还注重教学理念和方法的深度和广度。参赛教师通过引入前沿的教育理念和先进的教学技术，打造具有创新性和前瞻性的教学模式，为学生提供更加优质和个性化的学习体验。

3. 持续改进与反思机制

参赛教师在比赛中注重教学实践的持续改进和反思，不断总结经验，发现问题，加以改进。特色在于持续改进与反思机制的建立和运行，使教学实践不断向更高水平迈进。参赛教师通过建立教学档案和反思日志等工具，记录教学过程中的得失和收获，及时总结经验，调整教学策略，保持教学活动的活力和创新性。同时，参赛教师还注重借鉴他人的经验和教训，积极参与教研活动和交流，与其他教师共同分享教学经验，共同成长。

第七章　职业教育国际化与"三教"改革

第一节　高等职业教育国际化课程开发与教学资源建设

随着经济全球化和教育国际化的不断推进，高等职业教育面临着提升国际竞争力的压力。国际化课程开发成为高职教育的重要任务之一。在开发国际化课程时，需要充分考虑国际教育标准和行业需求，积极融入国际先进理念和技术，以培养具有国际视野和竞争力的高素质人才为目标。

一、国际化课程开发的策略与方法

（一）与国外高校和企业合作开发课程

1. 合作意义的深入分析

在开发国际化课程时，与国外高校和企业合作具有重要意义。首先，我们通常会选择具有丰富教育资源和先进教育理念的国外高校和企业，通过与其合作，可以借鉴其成功经验，提升课程的国际化水平。其次，合作开发课程可以促进国际交流与合作，加强两国之间的教育交流，推动教育全球化进程。

2. 合作模式的探讨

（1）学术交流与合作

建立学术交流机制，与国外高校开展学术研讨和合作项目，共同探讨课程设计、教学方法等问题，推动课程的国际化发展。

（2）产学研合作

与国外企业开展产学研合作，共同开发适应国际市场需求的课程，确保课程内容符合实际产业需求，提高学生就业竞争力。

3. 合作成果的评估与反思

在合作开发课程的过程中，需要及时评估合作成果，检查课程的质量和适用性，及时进行调整和改进。同时，还要不断反思合作过程中存在的问题和不足，总结经验教训，为今后的合作提供借鉴。

（二）引进国外优质教材资源

1.教材选择的重要性分析

引进国外优质教材资源是开展国际化课程教学的重要保障之一。选择合适的教材可以丰富教学内容，提高教学质量，激发学生的学习兴趣和积极性。

2.教材引进的路径和方法

（1）学科领域广泛

选择来自不同国家和地区的优质教材，覆盖多个学科领域，满足学生的多样化学习需求。

（2）内容更新及时

选择内容更新及时、质量可靠的教材资源，以保证教学内容的前沿性和专业性。

（3）适应教学需求

根据课程设置和教学目标，精心选择符合教学需求的教材，确保教学内容的系统性和连贯性。

3.教材应用与效果评估

在教学过程中，需要对引进的国外优质教材进行有效应用，并及时评估教学效果。通过学生学习情况和教师教学反馈等渠道，了解教材的使用情况和效果，为今后的教学改进提供参考和依据。

（三）组织国际化课程设计研讨会

1.研讨会的组织目的

组织国际化课程设计研讨会旨在促进教师间的交流与合作，共同探讨国际化课程开发的理念、方法和路径，推动课程设计的创新和优化。

2.研讨会的组织形式

（1）专题讲座

邀请国内外专家学者就国际化课程设计的相关理论和实践经验进行专题讲座，为教师提供学术支持和指导。

（2）案例分享

教师分享国际化课程设计的成功经验和典型案例，交流教学心得和感悟，激发教学创新的动力和激情。

（3）小组讨论

组织教师进行小组讨论，围绕国际化课程设计中的关键问题和难点展开深入探讨，共同寻找解决方案。

3.研讨会成果的总结与分享

研讨会结束后，需要对会议进行总结，归纳出重要成果和共识，并及时分享给全校师生，推动国际化课程开发的推进与实施。

二、国际化教学资源建设的重要性与路径

（一）国际化教学资源建设的重要性分析

国际化教学资源的建设对于高等职业教育的国际化发展至关重要。首先，国际化教学资源的建设能够丰富教育教学内容，拓宽学生的国际视野。通过引进国外优质教材、课程和教学资料，学生可以接触到更广泛、更先进的知识体系和学科理念，了解国际前沿的发展趋势和行业标准，从而拓宽了他们的学术视野和专业知识面。

其次，国际化教学资源的建设有助于提升教学质量和水平。优质的教学资源不仅可以为教师提供丰富的教学内容和案例，还可以为学生提供多样化的学习资源和实践机会。通过运用国际化教学资源，教师可以设计更具挑战性和创新性的教学活动，激发学生的学习兴趣和创造力，提高教学效果和学生的综合素质。

第三，国际化教学资源的建设有利于促进国际交流与合作。学校引进的国际化教学资源不仅可以满足本校师生的学习和教学需求，还可以为国际交流与合作提供契机和平台。通过与国外高校、科研机构和企业的合作，学校可以开展联合培养项目、学术交流活动、科研合作项目等，促进教育资源的共享和优势互补，提升学校在国际教育领域的影响力和竞争力。

（二）国际化教学资源建设的路径探索

1.与国际高校开展教育资源共享

（1）建立合作机制

与国际高校建立长期稳定的合作关系，签订合作协议，明确资源共享的内容、方式和期限，确保合作的可持续性和高效性。

（2）资源共享内容

分享教学课程、教学大纲、教学案例、教学视频等教学资源，使学生能够接触到国际一流的教学内容和教学方法，拓宽他们的学术视野和专业技能。

（3）共建联合课程

与国际高校共同设计和开发联合课程，结合各自的专业特色和优势，打造具有国际影响力和竞争力的专业课程，为学生提供更多选择和发展机会。

2.加强国际学术交流与合作

（1）参与国际学术会议和交流活动

学校积极参与国际学术会议、研讨会和交流活动，加强与国际同行的沟通与合作，获取国际前沿科研成果和教学经验，提升教学水平和科研能力。

（2）引进国外优秀师资

通过国际招聘或学术交流项目，引进国外优秀师资和教学团队，搭建国际化师资队伍，为学生提供国际化的教学资源和学术指导。

（3）开展国际合作项目

与国外高校或研究机构开展国际合作项目，如科研合作项目、学生交换项目等，促进教学资源和学术成果的共享与交流，加强国际合作与交流。

第二节　国际教学能力提升与国际化专业师资团队建设

一、国际教学能力的要求与挑战

在应对国际化教学的要求时，教师必须具备跨文化交流、外语沟通，以及国际化课程设计与教学等多方面的能力。首先，跨文化交流能力对于教师而言至关重要。教师需要具备跨文化沟通、理解和包容的能力，以确保与不同文化背景学生之间的有效交流，促进教学效果的提升。其次，外语沟通能力也是教师在国际化教学中不可或缺的一项能力。良好的外语水平使教师能够流利地进行跨语言的教学与交流，更好地理解学生的需求并进行有效教学。最后，国际化课程设计与教学能力对于教师来说同样至关重要。教师需要针对国际学生的特点和需求，设计符合国际标准和实际情况的课程内容和教学方法，提供高质量的教育服务，从而满足不同文化背景学生的学习需求。

然而，教师在国际教学能力培养过程中面临着一系列挑战。首先，现有师资队伍结构不合理，缺乏具有国际教学经验和背景的教师。由于教师缺乏与国际化教学相关的经验，可能会面临跨文化交流、外语沟通等方面的困难，从而影响教学质量。其次，现有的教师培训机制不健全，缺乏系统性和针对性的国际化教学培训计划。缺乏有效的培训机制可能导致教师无法及时获取相关的国际化教学知识和技能，限制了其国际教学能力的提升。此外，缺乏有效的激励机制也是教师国际教学能力提升的障碍之一。教师缺乏积极性和动力去提升自身的国际教学能力，可能导致其对国际化教学的重视程度不高，进而影响教学效果和学生的学习体验。因此，建立健全的激励机制对于激发教师的学习热情和提升其国际教学能力至关重要。

二、国际化专业师资团队建设的路径与策略

（一）国际化专业师资团队建设的路径

1. 引进外籍教师

（1）国际招聘

学校可以通过国际招聘渠道寻找具有丰富国际教学经验和背景的外籍教师。这可能包括在国际教育专业网站、教育专业期刊以及教育专业协会的广告板上发布招聘信息。此外，学校可以与国际教育招聘机构合作，以寻找最合适的候选人。通过这种方式，学校可以招募到具有丰富教学经验和跨文化交流能力的外籍教师，为学校的国际化专业师资团队增添新的血液。

（2）与国外高校合作

与国外高校建立合作关系是另一种引进外籍教师的有效途径。学校可以与国外高校签订师资共享协议，允许外籍教师来校任教一段时间，或者派遣本校教师到国外高校进行访问交流。通过这种方式，教师可以在不同的教育环境中积累经验，拓宽国际化视野，为学校带来更多国际化教学资源。

2. 组织国际化教学培训

（1）跨文化交流培训

针对教师的跨文化交流培训可以帮助他们更好地适应国际化教学环境。培训内容可以包括跨文化沟通技巧、文化差异认知以及解决跨文化冲突的方法等。通过这些培训，教师可以更好地理解不同文化背景下学生的需求和学习风格，提升跨文化教学的效果。

（2）国际课程设计与教学培训

为了提升教师的国际化教学能力，学校可以组织国际课程设计与教学培训。这种培训可以包括国际课程标准与框架、跨学科教学方法以及国际评估与认证等内容。通过培训，教师可以掌握设计和实施国际化课程的方法和技巧，提高教学

质量和水平。

3.设立国际交流基金

（1）资助教师参加国际学术会议

学校可以设立专门的国际交流基金，资助教师参加国际学术会议。这些会议通常是学术界交流最活跃的平台，可以让教师与国际同行进行学术交流、分享研究成果，并了解最新的教育理论和实践。通过参加国际学术会议，教师可以不断提升自己的学术水平，增强国际交流和合作能力。

（2）资助教师进行国际交流访问

除了参加学术会议，学校还可以资助教师进行国际交流访问。这包括与国外高校的合作交流、访问国外教育机构以及参与国际教育项目等。通过这些交流访问活动，教师可以深入了解国外教育体系和教学模式，结交国际教育界的朋友和合作伙伴，促进学校与国际教育界的交流与合作。

（二）国际化专业师资团队建设的策略

1.建立国际化教学能力评价体系

（1）设计评价指标

建立国际化教学能力评价体系的第一步是设计评价指标。这些指标应该涵盖教师的跨文化交流能力、国际课程设计能力、教学评估能力等方面。例如，跨文化交流能力可以通过教师在国际交流活动中的表现来评估，国际课程设计能力可以通过评估教师设计的国际课程的质量和有效性来进行，教学评估能力可以通过对教师在国际化教学中学生学习成效的评估来进行。

（2）实施评估机制

建立评价体系后，学校需要制定相应的实施评估机制。这包括确定评估频次、评估方式和评估人员等。评估可以通过学生评价、同行评价、专家评价等多种方式进行，以确保评价的客观性和科学性。此外，评估结果应该及时反馈给教师，为其提供改进和提升的机会。

（3）提供个性化培训和指导

评估结果可以为教师提供个性化的培训和指导。根据评估结果，学校可以为教师量身定制培训计划，针对性地为其提供跨文化交流、国际课程设计等方面的培训课程。此外，学校还可以安排专业导师对教师进行一对一的指导，帮助其提升国际化教学能力。

2.制定国际化师资激励政策

（1）奖励优秀的国际化教学成果

学校可以制定奖励政策，奖励教师在国际化教学方面取得的优秀成果。这可能包括国际教学奖、国际学术论文奖、国际课程设计奖等奖项。通过这些奖励，学校可以激励教师在国际化教学方面积极探索、创新实践，提升整体教学水平。

（2）提供学术交流和进修机会

除了奖励，学校还可以提供学术交流和进修的机会，激励教师积极参与国际学术交流和合作项目。学校可以资助教师参加国际学术会议、访问国外高校、进行合作研究等活动，拓宽其国际学术视野，提升学术影响力和竞争力。

（3）设立国际化教学科研项目基金

为了鼓励教师开展国际化教学研究，学校可以设立国际化教学科研项目基金。教师可以申请基金开展国际化教学课题研究，探索国际化教学的新理念、新方法和新技术，推动学校国际化教学水平的不断提升。

第三节　高职教育国际化的教法改革与国际化教学育人模式创新

一、高职教育国际化教法改革的必要性与方向

（一）高职教育国际化教法改革的必要性

高职教育国际化教法改革的必要性主要体现在以下几个方面。

1.国际竞争压力

随着全球化的发展，国际竞争日益激烈，各国都在努力提升自身教育水平和人才素质，以便在全球竞争中占据更有利的地位。因此，我国高职教育也需要适应这种趋势，提升教学质量和学生竞争力。只有通过国际化教育的改革，我国的高职教育才能在国际竞争中脱颖而出，实现更好的发展。

2.科技发展

科技的快速进步和广泛应用对高职教育提出了新的挑战。现代产业对人才的需求不断变化，要求高职教育培养出具有前沿科技知识和应用能力的人才。因此，高职教育的教学方法和手段也需要与时俱进，及时更新，以确保学生掌握最新的科技知识和技能，适应新时代发展的需求。

3.学生需求

随着社会的发展和变化，学生对教学方法和内容的需求也在不断变化。传统的教学模式可能无法满足学生的需求，需要更加贴近学生需求的教学模式和方式。国际化教法改革可以更好地激发学生的学习兴趣和动力，提高他们的学习效果和成就感，从而更好地培养出适应社会需求的高素质人才。

（二）高职教育国际化教法改革的方向

高职教育国际化教法改革的方向主要包括以下几个方面。

1.创新教学方式

（1）问题导向教学

问题导向教学是一种以问题为导向、以解决问题为目标的教学方法。教师通过提出实际问题，引导学生进行探究和解决，激发学生的思维和创新能力。这种教学方式注重学生的主动参与和合作学习，有助于培养学生的问题解决能力和团队合作精神。

（2）项目驱动教学

项目驱动教学是一种以项目为中心，以实际项目为载体进行教学的方法。教师可以组织学生参与真实的项目实践，让他们在解决实际问题的过程中学习相关知识和技能。这种教学方式有助于培养学生的实践能力和创新能力，提高他们的综合素质和竞争力。

2.强化实践环节

（1）理论与实践结合

高职教育应该注重理论与实践相结合，将课堂教学与实践教学有机结合起来。教师可以通过实验课、实习实训、毕业设计等实践环节，让学生将所学知识应用到实际工作中，培养他们的实践能力和解决问题的能力。

（2）实践性项目

高职教育可以开设实践性项目课程，让学生参与到真实的项目中去。通过实践性项目，学生可以接触到真实的工作场景，锻炼实际操作能力和团队合作能力，提高他们的就业竞争力和职业素养。

3.引入先进技术

（1）网络教学

利用互联网和信息技术手段开展网络教学，为学生提供更加便捷和灵活的学习方式。学生可以通过网络平台进行在线学习，随时随地获取学习资源，提高学习效率和效果。

（2）远程教育

开展远程教育，利用视频会议、远程直播等技术手段，实现教师和学生之间的实时互动和教学资源共享。这种教学方式可以突破地域限制，为学生提供更广泛的学习机会，促进高职教育的国际化发展。

二、国际化教学育人模式的创新与实践

（一）国际化教学育人模式的创新内容

国际化教学育人模式的创新主要包括以下几个方面。

1.开展国际合作办学

（1）引进国外优质教育资源

与国外高校开展合作办学项目，引进国外优质教育资源，包括教材、教学方法、师资等。学校可以与国外高校合作开设双学位项目、联合培养项目等，为学生提供更广泛的学习机会和更丰富的学术资源，提升教学质量和学生竞争力。

（2）国际化学习环境

通过国际合作办学项目，学校可以打造国际化的学习环境，包括设立国际化课程、建立国际交流平台等。学生可以在这样的环境中接触到不同国家和地区的学习文化和教育理念，增强其国际视野和跨文化交流能力。

2.组织国际交流与实践

（1）学术交流活动

组织学生参加国际学术交流活动，如国际学术会议、研讨会等。通过这些活动，学生可以与国际同行交流学术观点、分享研究成果、拓宽学术视野、提高学术水平。

（2）文化交流与实践活动

组织学生参加国际文化交流和实践活动，如海外游学、文化考察等。学生可以通过参与这些活动，了解不同国家和地区的文化、历史和传统，增强其全球意识和跨文化交流能力。

3.推行跨文化交流

（1）开设跨文化交流课程

学校可以开设跨文化交流课程，引导学生了解和尊重不同文化背景下的人们，培养其跨文化意识和交流能力。课程内容可以涵盖跨文化沟通技巧、文化差

异认知、跨文化冲突解决等方面。

（2）组织跨文化体验活动

学校可以组织跨文化体验活动，让学生亲身体验不同文化的风情和魅力。例如，举办国际文化节、外国文化展览等活动，让学生通过参与活动了解并体验不同文化的魅力，增进彼此的了解和交流。

（二）国际化教学育人模式的实践效果

国际化教学育人模式的创新与实践将产生以下实践效果：

1.培养国际视野

（1）参与国际交流与实践活动

学生参与国际交流与实践活动，如海外交流、游学项目等，可以亲身体验不同国家和地区的文化、风俗和教育体系。通过这些活动，他们能够拓宽视野，加深对国际事务的理解和认识，培养出开放、包容的国际化视野。

（2）学习国际化课程

学校开设国际化课程，引入国外优质教育资源和先进教学理念，使学生接触到国际前沿的学科知识和研究成果。通过学习这些课程，学生能够了解世界各地的学术研究动态，拓宽自己的学术视野和国际视野。

2.提升综合素质

（1）培养跨文化交流能力

参与跨文化交流活动，学生需要面对不同文化背景的人们，学会倾听、尊重和理解他人的观点和价值观。通过这样的交流，他们能够提升自己的跨文化沟通能力、团队合作能力和解决问题的能力，培养出适应多元文化环境的综合素质。

（2）培养创新能力

国际化教学模式强调学生的主动参与和合作学习，鼓励他们通过研究性学习、项目实践等方式，开展创新性工作。这样的实践能够激发学生的创新思维和创新能力，培养出具有创新意识和创新精神的综合素质。

3.增强竞争力

（1）提高就业竞争力

通过国际化教育和培训，学生不仅获得了国际化的学习经历和跨文化交流能力，还掌握了先进的专业知识和技能。这些综合素质的提升有利于他们在求职过程中具有更高的竞争力，更容易获得优质的工作机会。

（2）适应国际化发展

随着全球化的不断推进，国际化视野和跨文化交流能力已成为人才市场的重要竞争优势。通过国际化教学育人模式的实践，学生能够适应国际化发展的需求，为自己的职业发展和个人成长打下坚实的基础。

第四节 高职教育国际化的实践案例分析

一、国际化课程开发案例：跨国合作项目

以某高职院校与国外高校合作开发的跨国合作项目为例，通过共同设计课程、共建教学资源库等方式，实现了国际化课程的开发与实施。该项目不仅提升了学生的国际竞争力，也促进了师资队伍的国际化建设。

（一）项目背景与目标

1. 背景

某高职院校意识到随着全球化的深入发展，国际竞争日益激烈，学生需要具备更强的国际竞争力。因此，为了提升学生的国际竞争力，加强国际交流与合作成为学校的重要发展方向。与此同时，国外高校在教学资源、教学理念等方面拥有丰富的经验和优势，与之合作开发跨国合作项目，成为学校实现国际化发展的重要途径。

2. 目标

该高职院校与国外高校合作开发跨国合作项目的目标如下：

（1）实现国际化课程的开发与实施

通过与国外高校的合作，利用共同设计课程、共建教学资源库等方式，开发具有国际化视野和标准的课程体系。这些课程将结合国内外的教育理念和教学方法，为学生提供更广阔的学习平台，培养其具备跨文化交流能力、创新能力和全球意识的综合素质。

（2）为学生提供更广阔的发展平台

通过跨国合作项目，学生可以接触到国际先进的教育资源和教学理念，参与国际化课程的学习和实践，提升自身的国际竞争力和就业竞争力。同时，学校也将为学生提供更多参与国际学术交流、文化交流和实践活动的机会，拓展他们的

国际视野和人际交往能力。

（二）实施过程与方法

1. 课程设计

（1）共同设计课程体系

两校教师团队针对跨国合作项目共同设计课程体系。在设计过程中，需要充分考虑各自学校的教学特点和优势，结合国际教育理念，确保课程内容与国际接轨，能够满足学生的学习需求和国际化发展的要求。

（2）课程内容与国际接轨

在课程设计过程中，需要注重将课程内容与国际接轨，融入国际先进的教育理念和教学方法。通过对国际教育发展趋势和需求的深入了解，结合学科特点和实际情况，设计具有国际竞争力的课程内容，提升教育教学质量。

2. 教学资源建设

（1）建立共享的教学资源库

在跨国合作项目的合作过程中，需要建立共享的教学资源库。这个资源库包括教学视频、教材、案例等，供两校师生共同使用。建立这样的资源库有助于丰富教学资源，提升教学质量。

（2）供两校师生共同使用

建立的教学资源库需要为两校师生共同使用，这样可以最大程度地发挥资源的效益。师生可以在资源库中获取到国际化的教学资源，提升自己的教学水平和学习成效。

3. 实施过程与方法分析

（1）课程设计的重要性

课程设计是跨国合作项目的重要环节，直接关系到项目的教育教学质量和效果。共同设计课程体系可以确保课程内容与国际接轨，满足学生的学习需求，提升教育教学质量。

（2）教学资源建设的意义

建立共享的教学资源库有助于丰富教学资源，提升教学质量和效果。供两校师生共同使用的教学资源库可以最大程度地发挥资源的效益，促进两校师生之间的交流与合作，提升国际化教育的实施效果。

（三）案例分析与启示

1.案例分析

该跨国合作项目有效地整合了两校的教学资源和教学理念，实现了国际化课程的开发与实施。学生在学习过程中接触到了国际先进的教育理念和知识，提升了国际竞争力。

2.启示

跨国合作项目为高职院校带来了显著的优势。首先，通过与国外高校的合作，项目能够充分利用国外高校丰富的教学资源和教学经验。这种资源的共享不仅丰富了学生的学习资源，还为他们提供了更广阔的学术平台。学生可以通过跨国合作项目接触到国际先进的教育理念和知识体系，拓宽了视野，提升了学术竞争力。其次，跨国合作项目也促进了我校师资队伍的国际化建设。在与国外高校的合作中，教师们有机会与国外同行交流学术观点和教学经验，深化了对国际教育的理解和认识。同时，通过参与跨国合作项目，教师们不断提升自身的教学水平和国际视野，增强了教学创新的能力。这种国际化的师资建设有助于提高教学质量，满足学生的国际化需求，推动学校教育教学水平的提升。综上所述，跨国合作项目为高职院校带来了双重优势，既丰富了学生的学习资源和学术平台，又促进了师资队伍的国际化建设，提升了教学质量和国际竞争力。

二、国际化教学能力提升案例：国际化教学培训

某高职院校开展国际化教学能力提升培训，邀请国外专家授课，组织教师参与国际学术交流等方式，有效提升了教师的国际化教学水平。

（一）案例背景与目标

1.背景

在全球化的时代背景下，教师的国际化教学能力成为提高教育教学质量和学校国际竞争力的关键因素。某高职院校深刻意识到这一点，因此决定开展国际化教学能力提升培训。这一举措旨在为教师提供更多国际化教学的知识和技能，帮助他们更好地适应全球化的教育环境，提高教学水平，培养具有国际竞争力的高素质人才。

2.目标

该高职院校开展国际化教学能力提升培训的目标如下。

（1）提升教师的国际化教学水平

通过邀请国外专家授课，介绍国际先进的教育理念、教学方法和教学技术，帮助教师了解国际化教学的最新发展趋势和要求，提升他们的教学水平。

（2）增强教师的跨文化交流能力

组织教师参与国际学术交流活动，让他们与国外同行交流学术观点、分享教学经验，增强跨文化交流能力和国际合作意识。

（3）提高教师的教学创新能力

培训旨在激发教师的教学创新意识，鼓励他们尝试新的教学方法和手段，推动教学模式的创新和教育教学质量的提升。

（二）实施过程与方法

为了实现目标，该高职院校采取了以下实施过程与方法。

1. 国外专家授课

学校邀请国外教育专家来校授课，以分享国际教育理念、教学方法和案例为主要内容。这一过程中，专家将介绍国际化教学的最新发展动态，帮助教师了解国际化教学的趋势和要求，提升其教学水平和国际视野。

邀请合适的专家：学校通过网络搜索、学术会议等渠道找到合适的国外教育专家，并邀请其来校授课。

安排授课内容：学校根据教师的需求和培训目标，安排专家授课内容，确保内容与教师的实际需求和国际化教学的发展趋势相符。

组织授课活动：学校安排专家来校进行授课活动，通过讲座、研讨会等形式，让教师与专家进行互动交流，深入了解国际化教学的理念和方法。

2. 国际学术交流

学校组织教师参加国际学术交流会议、研讨会等活动，以与国外同行交流学术观点和经验为主要内容。这些活动旨在拓宽教师的国际视野和学术视野，促进其教学水平和国际交流能力的提升。

确定参会计划：学校根据教师的专业领域和培训需求，确定参加国际学术交流活动的计划，包括会议名称、地点、时间等信息。

组织参会安排：学校负责组织教师参加国际学术交流活动，安排相关行程和住宿，并提供必要的交通和费用支持。

交流学术观点和经验：教师参加国际学术交流活动后，与国外同行进行学术交流，分享教学经验和研究成果，拓宽自己的学术视野和研究领域。

（三）案例分析与启示

1.案例分析

通过国际化教学能力提升培训，教师们接触到了国际先进的教育理念和教学方法，提升了自身的国际化教学水平，为学校的国际化教育发展奠定了坚实基础。

2.启示

（1）借鉴国外教育经验

学校可以邀请国外专家来授课或进行短期培训，让教师们了解国际先进的教育理念和教学方法，从而提升教学水平和国际视野。

（2）促进教师交流合作

组织教师参加国际学术交流活动，可以让他们与国外同行交流学术观点和经验，拓宽教师的国际视野和学术视野，激发教学创新和研究合作的动力。

（3）建立国际合作网络

学校可以积极参与国际学术组织或联盟，与国外高校建立合作关系，开展学生和教师的交流合作，共同推动教育的国际化发展。

（4）加强教育资源共享

通过建立国际教育资源共享平台，学校可以与国外高校共享教学资源、科研成果和教学经验，丰富教育教学内容，提升教学质量和国际竞争力。

第八章　高等职业教育"三教"教育质量评估与提升

第一节　教育质量评估的重要性

一、提升教育质量意义重大

（一）影响学生学习效果与竞争力

1.提升学习动力与效果

优质的教育质量能够激发学生的学习动力，使其更加积极主动地参与学习活动。良好的教育质量有助于学生更好地掌握专业知识和技能，提高学习效果，增强个人的综合素质。

2.增强就业竞争力

优质的教育质量培养出的毕业生具备更强的专业能力和实践经验，更受用人单位的青睐。学生在学习过程中获得的优质教育能力会在就业市场上展现出更高的竞争力，有助于获得更好的职业发展机会。

（二）关系到学校声誉与社会认可度

1.提升学校声誉

教育质量是学校综合实力的重要体现，良好的教育质量将提升学校的声誉和知名度。高质量的教育吸引了更多优秀的学生和教师资源，进一步巩固了学校的领先地位。

2.增强社会认可度

学校的教育质量直接影响社会对其的认可度，高质量的教育体系能够获得社会的广泛认可和赞誉。社会对学校的认可度不仅提升了学校的地位，也增强了毕业生的就业竞争力。

（三）促进教育质量持续改进

1.发现问题与优化机制

通过教育质量评估，学校能够及时发现教育教学中存在的问题和不足，为进一步的改进提供了有力的依据。学校可以建立起一套完善的反馈机制，使得评估结果能够及时反映到教学管理中，促进教学质量的不断提升。

2.推动教育改革

不断提升教育质量是教育改革的核心目标之一。教育质量评估的结果可以指导学校更好地调整教学策略，推动教育教学模式的创新和改革。通过改革和创新，学校能够更好地适应时代发展的需要，培养出更适应社会发展需求的高素质人才。

二、满足社会需求

（一）适应时代要求的人才培养

随着社会经济的不断发展和科技进步，对人才的需求也在不断变化。高等职业教育应当致力于培养能够适应时代要求的高素质人才，以满足社会的发展需求。

1.及时了解社会需求

教育质量评估是学校了解社会需求的重要途径之一。通过评估，学校可以收集到社会对人才的需求信息，了解各行业的发展趋势和人才需求情况。

2.调整教育教学内容与方法

基于评估结果，学校可以及时调整教育教学内容和方法，使之更加贴近社会需求。例如，增设与新兴产业相关的专业课程，引入最新的科技成果和理念，培养学生适应时代发展的能力。

3.强化实践性教学环节

针对社会对人才实践能力的需求，学校可以加强实践性教学环节，提供更多的实践机会和项目实践，使学生具备解决实际问题的能力。

4.跟踪评估效果

学校应当建立健全的跟踪评估机制，对教育教学改革的效果进行评估和反馈，及时调整教学策略，确保教育教学与社会需求保持一致。

（二）提升就业竞争力

就业是高等职业教育的重要目标之一，教育质量评估能够有效提升学生的就业竞争力，使他们更好地适应社会的发展需求。

1. 了解行业需求与企业要求

通过教育质量评估，学校可以更好地了解各行业对人才的需求和企业对应聘者的要求。了解行业发展趋势，调整专业设置和课程内容，使之更符合就业市场的需求。

2. 开展职业生涯规划教育

学校可以通过评估结果开展职业生涯规划教育，帮助学生更好地了解自己的职业定位和发展方向，提升自我管理和职业发展能力，增强就业竞争力。

3. 加强实习实训环节

实习实训是学生提升就业竞争力的重要途径之一。学校可以根据评估结果加强实习实训环节，提供更多的实践机会和技能培训，使学生具备更丰富的就业经验和技能。

4. 建立校企合作机制

通过与企业建立紧密的校企合作机制，学校可以更好地了解企业的用人需求，为学生提供更多的实习和就业机会，提升他们的就业竞争力。

三、推动教育改革

（一）发现问题，有针对性地进行改革

教育质量评估作为推动教育改革的重要手段，具有以下方面的作用。

1. 问题发现与定位

通过评估，学校可以深入了解教育教学中存在的问题和瓶颈，找准症结所在，为改革提供明确的方向和依据。

2. 有针对性地改革与调整

基于评估结果，学校可以有针对性地进行改革和调整，针对性地解决教学中存在的问题，推动教育教学模式和方法的创新和进步。

3. 促进改革的深入开展

评估结果可以作为改革的动力，激发学校各方面的积极性，推动改革向更深层次、更广泛范围的方向发展。

（二）促进教育教学模式的创新

教育质量评估不仅可以发现问题，还可以促进教育教学模式的创新。

1. 探索新的教学方法和模式

评估结果可以为学校提供改革的动力和创新的灵感，促使学校尝试新的教学方法和模式，如问题导向教学、项目驱动教学等。

2. 借鉴国内外成功经验

通过评估，学校可以借鉴国内外其他成功的教育经验，吸收先进的教学理念和模式，促进教育教学的创新和发展。

3. 支持教师教学创新

学校可以通过评估结果为教师提供支持和鼓励，鼓励教师尝试新的教学方法和教学策略，推动教学的不断创新和进步。

（三）提高教育质量管理水平

教育质量评估对于提高教育质量管理水平具有重要意义。

1. 建立健全的管理体系

评估是学校建立健全的教育质量管理体系的重要途径之一。学校可以借鉴评估结果，优化管理机制，确保教育质量的稳定和持续改进。

2. 加强监督与反馈

通过评估，学校可以及时发现管理中存在的问题和漏洞，加强对教育质量的监督与管理，及时进行反馈和调整，保障教育质量的稳定和提升。

3. 推动管理的科学化和信息化

学校可以利用评估结果推动管理工作的科学化和信息化，建立起更加完善的数据统计和管理信息系统，提高教育质量管理水平。

第二节 教育质量评估的方法与指标体系

一、方法多样化

教育质量评估的方法应该多样化，以确保评估的全面性和准确性。多样化的方法包括：

（一）定性评估

定性评估是通过专家评审和教学观摩等方式进行的，其专业性和深度能够深入挖掘教学过程中的细节和质量。在定性评估中，专家评审团由具有丰富教学经验和专业知识的教育专家组成，他们对教学过程进行深入的观察和分析，从而提供专业性的评价和建议。教学观摩则为教师们提供了相互学习和借鉴的机会，通过观摩他人的教学实践，发现问题并共同探讨解决方案，从而促进教学质量的提升。

1.专家评审

专家评审是定性评估的重要组成部分。在这一过程中，专家们会对教学过程中的关键环节进行详细审查，包括教学设计、教学方法、教学资源利用等方面。他们会针对教学目标的达成情况、教师的教学能力以及学生的学习态度等进行评估，从而提供有针对性的改进建议。

2.教学观摩

教学观摩是一种互动式的专业发展方式，通过观摩他人的教学实践，教师们可以获取新的教学思路和方法。在观摩过程中，教师们可以密切关注教学过程中的关键环节，如课堂管理、教学反馈等，从而不断提升自己的教学水平。

（二）定量评估

定量评估主要依靠数据统计和分析，通过关注教育质量的具体指标和数据，以客观地评估教育质量的情况。

1.数据收集

定量评估首先需要进行数据的收集工作。这些数据可以包括学生的考试成绩、课程完成率、毕业生就业率等。通过收集这些数据，评估者可以了解教育质量的具体情况，并发现其中存在的问题。

2.数据分析

数据收集之后，接下来需要对数据进行分析。通过对数据的统计和分析，可以得出客观的评估结果。例如，分析学生的考试成绩可以了解教学质量的高低，分析毕业生就业率可以评估教育的实际效果等。

（三）学生满意度调查

学生满意度调查（附录一）是评估教育质量的另一重要方法，通过收集学生对教学内容、教学方法、教学环境等方面的反馈意见，从而了解学生的需求和期望，及时发现教学中存在的问题，并做出调整和改进。

1.问卷设计

学生满意度调查的首要步骤是设计合适的问卷。问卷设计应考虑到涵盖教学各个方面的问题，例如课程设置、教学方法、师生互动等，以确保收集到全面而有效的反馈意见。

2.数据分析

收集到学生满意度调查的数据后，需要进行数据分析。通过对数据的分析，可以了解学生对教学的整体满意度，发现存在的问题和不足之处，并针对性地采取改进措施。

二、指标体系建设

科学合理的教育质量评估指标体系是教育质量评估的基础。建立指标体系时应考虑以下几个方面。

（一）教学质量

1.教师教学水平

（1）教学评价

教学评价对于教师的教学水平和教学效果至关重要，是教育教学领域中的一项重要工作。其中，学生评价结果是教学评价的重要组成部分之一。学生作为教学活动的直接受益者，能够客观地反映教师的教学效果和对其学习的影响程度。他们通过对教学内容、教学方法、教学态度等方面的评价，能够为教师提供及时有效的反馈，帮助教师改进教学方法，提升教学质量。此外，同行评议也是一种常见的教学评价方式。教师们可以相互观摩、交流经验，对彼此的教学进行评价和建议，促进教学水平的提升。通过同行评议，教师能够从不同角度、不同专业背景的同行那里获取更为客观和全面的评价意见，有利于发现自身教学中存在的问题并及时改进。此外，教学成果奖项也是教学评价的一种重要形式之一。教学成果奖项的评选标准通常包括教学效果、创新性、社会影响等方面，获奖者往往是在教学工作中取得了显著成就和突出表现的教师。这些教师的教学案例和经验能够为其他教师提供借鉴和启示，推动教学水平的提升。

（2）教学方法与手段

教学方法与手段在评估教学质量中起着至关重要的作用，它们的多样性和先进性直接影响着教学效果和学生学习成果的实现。首先，教学方法的多样性是评估教学质量的重要指标之一。教师可以根据教学内容、学生特点和教学目标的不同，灵活运用各种教学方法，例如传统的讲授法、讨论法、案例分析法以及实践教学法等。这些教学方法各具特点，能够激发学生的学习兴趣，促进他们的思维能力和创造力的发展，从而提高教学效果。其次，教学手段的先进性和实用性也是评估教学质量的重要方面。随着科技的发展，教学手段日益多样化和先进化，如多媒体教学、在线教育平台的应用等。这些先进的教学手段能够更好地满足学生多样化的学习需求，提供更丰富、更生动的学习资源，促进教学内容的深入理解和应用实践。同时，通过在线教育平台等现代化手段，教师还可以实现教学资源的共享和个性化定制，提高教学的灵活性和效率。

2. 课程设置与实施

（1）课程内容与行业需求匹配度

评估课程内容与行业需求匹配度是确保教育质量与实际职业发展需求相符的重要环节。课程紧跟行业发展趋势意味着教育机构对于市场需求的敏锐感知和快速响应能力。首先，通过对行业需求的调研，教育机构能够深入了解当前和未来的就业趋势、技术需求和人才岗位特征，从而更好地调整和优化课程设置。其次，课程内容的实用性和前瞻性是评估课程质量的重要指标之一。教育课程应当注重培养学生具备解决实际问题和应对未来挑战的能力，使其毕业后能够顺利适应职业发展的需要。评估课程的针对性和实用性需要通过多种途径进行，包括对课程设置与行业需求的比对、对课程内容的案例分析和实践操作等。通过这些评估手段，可以全面客观地评估课程是否满足学生的专业需求，并及时调整和改进课程内容，以确保教育培养的学生能够胜任未来职业发展的需要。

（2）课程实施效果评估

评估课程的实施效果是确保教学活动达到预期目标的重要环节，也是提升教育质量的关键步骤之一。在评估课程实施效果时，学生的学习情况和课程的教学效果是两个主要方面需要考虑的。首先，学生的学习情况可以通过课堂观察来评估。教师可以观察学生的学习态度、参与程度和学习效果，以及他们在课堂上的表现和互动情况。此外，学生的作业评价也是评估课程实施效果的重要手段之一。通过分析学生提交的作业，可以了解他们对课程内容的理解程度和掌握程度，从而评估课程的教学效果。其次，课程反馈是评估课程实施效果的另一个关键环节。通过向学生征求课程反馈的意见和建议，可以了解他们对课程的满意度、改进建议和课程体验，从而及时调整和改进课程内容和教学方法。

3. 教学过程管理

（1）学生参与度评估

学生参与度是评估教学过程管理的重要指标之一。评估学生在课堂上的积极参与程度和互动情况。通过教师的引导和课堂氛围的营造，可以促进学生的积极参与，提高教学效果。

（2）教学反馈与调整

教学反馈是教学过程管理的重要环节，评估教师是否及时收集学生的反馈意见，并对教学进行调整和改进。教学反馈可以通过课后问卷调查、学生答疑情况等方式进行收集，以及时发现问题并做出调整。

（二）师资队伍

1.教师学历背景

（1）学历结构

评估教师学历结构的合理性和多样性，包括本科、硕士、博士等不同层次的学历分布情况。通过对学历结构的分析，可以了解教师队伍的整体素质和学术水平。

2.教学经验

（1）教学经验年限

评估教师的教学经验年限，了解其在教育领域的从业时间和经验积累情况。教师的教学经验对教学效果和教育质量有着重要的影响，教学经验丰富的教师往往能够更好地应对各种教学挑战。

3.科研能力

（1）科研成果数量与质量

评估教师科研成果的数量和质量，包括论文发表情况、科研项目承担情况等。教师的科研能力直接关系到其教学水平和教育质量，具有较高科研水平的教师往往能够为学生提供更加丰富和前沿的教学内容。

（三）教学设施

1.教室设施

评估教室的空间布局是否合理，是否能够满足不同类型课程的教学需求。教室的空间布局对教学活动的开展和学生学习效果有着重要的影响，合理的空间布局能够营造良好的教学氛围。

2.实验室设备

评估实验室的实验设备是否完备，是否能够满足教学和科研的需要。实验设备的完备性是保障实验教学质量的重要保障之一，能够提高学生的实践能力和创新能力。

3.图书馆资源

评估图书馆的藏书数量和种类是否丰富多样，是否能够满足学生的学习和科研需要。图书馆是学校教学和科研的重要场所，丰富的图书馆藏书能够为师生提供丰富的学术资源和参考资料，对于促进教学和科研活动具有重要意义。

（四）学生素质

1.学习成绩

（1）学生平均成绩

评估学生的平均成绩水平，了解学生的学习效果和学习能力。学生的平均成绩反映了教学质量的一部分，同时也可以作为学校教学工作的一个重要参考指标。

2.创新能力

评估学生参与创新项目的数量和质量，了解学生的创新能力和创造力水平。学生的创新能力是评估教育质量的重要指标之一，具有较强创新能力的学生往往能够为社会和科技进步做出重要贡献。

3.实践能力

评估学生参与实践活动的情况，了解学生在实践中的表现和实践能力水平。学生的实践能力是评估教育质量的重要指标之一，具有较强实践能力的学生往往能够更好地适应社会和职业发展的需求。

第三节　教育质量提升策略与实践

由于产业数字化转型对职业教育人才培养提出了更高的要求，那么研究"三教"改革如何赋能高质量发展，实际上是探讨如何借助梳理教师、教材、教法的全方位深度改革，推动现有职业教育在适应专业素养和复合技能以"三教"改革作为职业教育重要抓手，促进职业院校教学目标与岗位胜任能力匹配，教学过程与工作流程保持一致，教学理念与产业变革吻合，逐步推动职业教育适应产业的数字化技术变革。

一、赋能高质量发展的主体

（一）师资引入

在引入职业院校教师方面，采取多种渠道和策略是至关重要的。除了从高等院校吸收教师外，还可以从企业、行业协会、科学技术协会等多个部门或组织中选拔懂技术、能应用的专业人员，以补充高职院校师资队伍。这一策略的优势在于能够为教学团队引入实践经验丰富、技术能力突出的专业人才，从而促进教学内容与实际流程的紧密对接。

同时，采用企业兼职教师、行业技术能手工作室等多种形式，也是提高师资队伍水平的有效途径。这种做法可以有效利用企业资源，引入企业实践经验丰富的人员，使教学过程更加贴近实际需求。企业人员的参与，不仅可以引导学生参与新型数字化产业模式下的技术攻关和市场突破，还能够让学生在实践中逐步提升技能和解决问题的能力。

通过专业（群）建设指导委员会、产业学院、职教集团、教师教学创新团队等多种形式，引导多方人员参与人才培养方案制定和高水平专业（群）建设，也是一种常态化人才培养全过程的有效手段。这种模式能够将企业、行业协会等各方力量引入人才培养的全过程，确保培养的学生更加符合实际市场需求。

整合这些师资资源，形成具有共同技术基础、跨专业学科背景的教师团队，可以更好地将企业人力资源培养的模式引入学校，促进教学过程与产业需求的有效对接。企业人员的参与不仅能够让学生更好地了解产业技术变革，提高他们学习的主动性和深度，还能够激发教师团队的合作、创新与协调，从而不断提升教师团队的创新性和拓展性。

（二）师资培育

师资培育是高等职业教育中至关重要的环节，直接影响到教学质量和学生发展。在面对产业数字化转型的挑战和机遇时，师资的多渠道培育显得尤为重要。这种多渠道的培育不仅能够提升整体教学过程的科学性与合理性，还能保证教师团队与产业数字化转型发展的动态适应。

教师作为教学过程中的主体，在经历了专业形成后，仍然需要通过多种渠道来不断提升自身的素养和技能。这种多渠道培育不仅可以使教师真正了解并跟踪产业技术发展的规律和趋势，还能够将新技术和工作模式引入教学实践中，提高教学的针对性和适应性。例如，制定各级别的师资培育计划、教师下企业锻炼计划、教师与企业专业人员开展研讨会和项目合作、行业技术能手工作室培养、名师工作室培训等方式，都能够有效地促进教师的专业发展和教学能力的提升。

通过多渠道的师资培育，可以实现以下几个方面的目标和意义：

第一，不断提高教师对市场数字技术的敏感度，使他们能够将产业数字化的理念融入教学中，提高学生的实践能力和应变能力。

第二，通过多渠道培育，可以充实和拓宽师资队伍的技术背景，打通理论教学与实践教学的阻隔，提高教学的质量和效果。

第三，通过师资本身的培育，可以促进学生在学习过程中的获得感和价值感，使他们更好地掌握所学知识和技能，并能够在实践中灵活运用。

最后，通过多渠道的师资培育，可以保障教学过程与实践过程的一致性和连贯性，使教学更具有针对性和实效性。

（三）师资提升

在推动高职院校师资队伍提升方面，采取多维度的策略至关重要。这些策略以师资质量提升为主线，通过多种途径和方法，强化教学团队的专业素养和实践能力，以应对数字化转型对产业中主要岗位的需求。

1.教法改革与教学资源更新

在推动高职院校师资队伍提升方面，教法改革和教学资源更新是至关重要的一环。通过广泛开展教法改革，可以促进信息技术与职业教育的深度融合，从而更好地满足数字化转型对产业主要岗位的需求。建立不同层级的教学创新团队，不仅要完成日常的教学任务，更要着眼于研究教学过程与现实技术发展之间的差异，以及如何将企业和产业的数字化转型所需技术和技能结构融入职业教育人才培养的全过程中。这种针对性的教法改革将有助于教师团队更好地适应不断变化的产业需求，提升教学质量和师资队伍水平。

2.深度项目合作与高级技术攻关

通过深度项目合作开发和高级技术攻关等形式，可以促进教师与企业人员之间的紧密互动，实现教学过程与实践工作流程的有效结合。这种合作关系不仅可以为教师提供更多实践机会和案例，还能够引导跨界资源关注高职院校人才培养，为教师们提供更多关于产业发展的实时信息和反馈。通过与企业的深度合作，教师们能够深入了解产业的实际需求，及时调整教学内容和方法，使教学更加贴近实际应用场景，为学生提供更加全面和有效的教育。

3.动态调整与完善的教学技能储备

建立动态调整和完善的教学技能储备是提升高职院校师资队伍水平的关键之一。这种储备不仅能够提高教师的专业水平和教学能力，还能够更好地适应新形势下产业变革对职业教育人才培养的新挑战。通过不断更新和完善教学技能储备，教师们可以更好地应对教育领域的变化和挑战，为学生提供更加优质的教育服务。同时，这种动态调整和完善也能够为区域经济发展提供更好的人才支撑和服务，推动产业与教育的良性互动，促进区域经济的持续发展。

二、赋能高质量发展的载体

（一）教材开发

在推动职业教育的高质量发展过程中，教材的开发至关重要。首先，多方主体共同参与教材内容的开发是关键。这些主体包括企业技术能手、教研资深专家、行业咨询专业人士以及高职院校专业课程任课老师等。教材改革的关键在于逐步减少以学科理论为体系的编撰方式，转向将企业典型工作任务转化为相关课程和项目化学习任务。基于"课程内容与职业标准对接，教学进度与工作流程吻合"的理念，教材的开发需要将专业对接的产业集群典型工作岗位和任务进行梳理，结合行业技术标准和职业岗位技能，使教材各个项目与各工作环节主要任务契合，从而实现育人载体的功效。多方主体参与可以最大程度保障教材基本符合产业真实生产流程，并能按照教学规律逐层递进，真正成为教学过程指南和未来工作岗位指引。

其次，在教材开发中应尽可能融入和参考国家职业标准、行业岗位标准以及各类企业运营过程中所建立的职业标准，如1+X证书考核标准等。通过融入这些标准，教材开发不再完全依托于编者的学科理论体系，而更多依赖产业长期发展过程中所建立的规范化、科学性的职业规范和技术参考指数。这样的做法有利于引导教师形成对学生技能评价的量化指标，更有针对性地结合实际，协助学生构建知识能力储备和技能培养，同时也有助于学生确定自身的职业兴趣和发展方向。特别是在数字经济转型较快的产业，通过引入相关技术标准，有助于学生提前进行重点突破，增强其在就业市场上的竞争力。

（二）教材依托

随着现代信息技术与产业的深度融合，教育部门逐渐意识到传统教材在适应多元化、复合化岗位需求方面的不足。针对这一挑战，教育部办公厅在2021年印发了《"十四五"职业教育规划教材建设实施方案》，提出了加快建设新形态教材的指导方针。这一方案特别强调了结合专业教学改革实际，开发活页式、工作手册式等新形态教材，推动教材配套资源和数字教材建设。

为了实现这一目标，教育部门依托各类教育数字化资源和信息化资源，提出了多维度呈现、多形态展示的教材建设方案。首先，教育机构引导教师教学创新团队按照建设任务和进度，形成教材编写项目小组，负责常规纸质教材和新型电子教材的编制，以及配套信息资源和慕课教学平台的组建。这种团队化的编写模式有助于提高教材的编写效率和质量。

其次，新型数字化、信息化、立体化教材具有"多维呈现"的特点。通过专业虚拟仿真、各种VR/AR先进技术等手段，教材可以呈现出形式多样的模块化教学资源。例如，通过扫描教材上的二维码，学生可以获取与项目任务内容相关的应用场景、实用案例和技术发展趋势等线上资源。这种方式不仅丰富了教学内容，还增强了学生的实践体验和参与感。

最后，新型教材还可以基于交互式电子教材，通过开源的程序输入，获得可验证的结果输出，让学生直观感受岗位技术特点和应用效果。这种沉浸式学习与体验有助于学生全面、全方位地理解产业数字化变革对未来复合型工作岗位的要求，提升其胜任能力。

（三）教材更新

随着产业的数字化转型，教材更新的频率已经得到大幅提升，各类教材发挥着教学载体的作用，不断适应着产业发展的变化。即使是新型的电子教材，在建设完成后也需要不断进行适应性调整。由于其电子化特性，教材内容模块的增删和调整过程比传统教材更为高效。在对接行业岗位发展的过程中，如果出现了与现实产业需求不再适应的内容，教材将会以最快速度进行调整。此外，随着产业发展的变化，教材的各个项目和任务也需要适时增加或调整，以确保与最新的产业需求保持一致。

以中国海关通关流程信息化改革为例，自2018年起，中国海关开展了通关流程信息化改革，将原有的报关和报检两个环节合并为"关检融合"，极大地提高了通关效率。然而，许多近几年出版的教材仍将报关和报检分列为两个环节，这导致了教材滞后于实际经济变革。因此，对于电子教材和数字资源而言，及时跟进和确定最新的产业发展趋势至关重要。只有通过不断更新和调整，才能使产业变革动态以最快的速度、最精准的内容向学生传递，从而保证教材在职业教育高质量发展过程中的科学性和先进性。

三、赋能高质量发展的媒介

（一）教学理念

在当今数字技术与产业深度融合的背景下，企业对人才需求的变化对教学理念提出了新的挑战。为了更好地满足企业的智能化转型升级需求，教学方法需要从根本上进行改革。首先，教学理念的更新成为关键，应以对接工作岗位需求为切入点，跳出传统的"学科思维"，而是将学生的技能养成作为目标。在教学过程中，应以产业岗位需求和胜任能力为导向，重视专业内涵的发展，强调职业教育的特性，根据工作流程和岗位职责重塑教学内容和方法。具体而言，在操作层面，教学应通过对接数字化生产流程，将工作岗位的应用场景转化为教学情境，并将工作流程拆分为具体任务，形成整体教学项目。同时，结合多方主体共同编撰的项目化教材和信息化资源，将各类工作流程编码输入电子学习平台，完成教学整体设计和项目衔接。学生在学习过程中逐步攻克各个任务难点，形成对整体教学任务的认知和掌握。在完成教学任务的同时，通过实践项目不断巩固技能，提高数字化技术水平。这一教学模式的推行将有助于培养符合企业需求的复合型技术技能人才，促进学生更好地适应数字化时代的工作环境，从而推动产业智能化转型的进程。

（二）教学模式

传统的学科体系是基于知识存储的量化结构，而职业教育行动体系的工作过程结构，是基于知识应用的质性结构。在职业教育过程中，应将学习内容、工作流程等予以系统化集成、解构和重构，从而提升学生的应用能力。理论层面：在对接岗位工作需求的前提下，逐步形成以学生技能习得为核心、以职业岗位能力为本位、以匹配实践流程的任务驱动为指引，不断提高和增强学生在数字化背景下的数字技术应用能力、数字网络统筹能力以及各项数字背景下的敏捷反应能力等多维复合能力。实际操作层面：通过多种形式推动教学过程与数字化工作流程、教学目标与数字化岗位胜任力的紧密连接。在高素质、跨背景、跨领域教学团队的共同指引下，利用多方跨界资源，包括信息化教学资源和智能化产业技术资源及平台，开展深入而持续的产教融合项目合作。首先，学生在高职教师及企业行业技术能手等混合型教师团队指引下，熟悉数字化转型背景下的工作流程和岗位职责，这是基本职业技能形成的基础。其次，在教师团队指导下，学生参与和对接实际工作项目，了解真实工作任务在数字化背景下的技术难度和实践路径。对比自身存在的不足和值得继续提升的技能模块和领域，发挥自我更新的主动性，积累相应的工作经验和技能体系，形成对接"一人多岗""一岗多维"的复合型技能。

（三）教学形式

课堂作为教育教学过程的核心环节，在职业教育中的重要性不言而喻。教法改革需要深入到课堂层面，才能真正增强职业教育的适应性，并为其高质量发展提供有力支撑。课堂革命是指借助各类信息技术改变传统的教学模式，以多种方式提升教学效果。考虑到岗位的数字化特征，对于各种信息技术的需求相对较高，因此在教学任务实施过程中，需要采取一系列措施以适应这一趋势。

首先，应逐步实现以各种数字化、信息化教学手段为依托，全面开展翻转课堂、信息化教学等多种形式的线上线下混合式教学。这样的教学形式能够使学生更好地适应数字化、信息化技术，并在学习过程中获得更全面的认知和接受度。

其次，在任务演练和实践训练环节中，应以多维主体协同开发的信息化教材为指引，落实不同工作岗位之间的项目任务。例如，在项目演练过程中遇到技术难点和瓶颈时，可以利用网络平台链接现实资源，寻求解决方案，从而提升学生的实践能力和问题解决能力。

在实际操作层面，可以借助互联网＋技术、大数据分析技术等手段对学生的课堂参与情况进行分析，并了解其学习动机、态度和效果。根据分析结果，可以为学生建立个性化的学习档案，并推送符合其能力和需求的个性化教学资源，以提升学习的针对性和有效性。通过这种方式，不仅可以促进个体学生的成长，也能够逐步提升整个班级同学的学习效果，构建理论与实践相结合、动态调整与静态规划相匹配的教学形式。

第四节　职业教育质量评估体系建设案例分析

一、案例背景

某高等职业院校为了提高教育质量，积极开展了职业教育质量评估体系建设工作。这一举措彰显了该院校对教育质量提升的重视和决心，同时也反映了学校领导和教职员工对提升教学水平的迫切需求。在当今竞争激烈的教育环境中，高等职业院校不仅需要培养学生的专业技能，还要关注其综合素质和就业竞争力。因此，建立和完善教育质量评估体系成为高校发展的当务之急。

通过开展职业教育质量评估体系建设工作，该院校在实践中迎来了一系列挑战和机遇。首先，评估体系的建设需要从国家和地方相关文件要求出发，结合学校的实际情况进行制定，这要求学校的管理者和专业人员具备较高的专业水平和管理能力。其次，评估工作需要借助专家的力量实施，专家的选择和培养是评估工作能否取得成功的关键因素之一。另外，评估过程中需要收集和分析大量的数据，这对于信息化建设和数据分析能力提出了更高的要求。最后，评估结果的运用和改进措施的实施也是一项艰巨的任务，需要学校各部门的通力合作和持续努力。

二、实施过程与方法

（一）建立指标体系

在职业教育质量评估体系建设的过程中，学校成立了评估指导小组，这一举措彰显了学校领导对于评估工作的高度重视和管理层面的支持。评估指导小组的成立不仅为评估工作提供了组织保障，也为后续的评估活动提供了指导和支持。这个小组的成立标志着学校对评估工作的正式启动，并为后续的工作奠定了基础。

评估指导小组结合国家和地方相关文件要求，制定了职业教育质量评估指标体系。这个指标体系的建立是基于权威文件和实际需求的结合，体现了评估工作的科学性和实用性。指标体系的制定过程中，小组成员充分调研、研讨，并考虑到了教育质量评估的全面性和系统性，确保了评估指标的全面覆盖和相互关联。

指标体系的建立具有多方面的意义。首先，它为评估工作提供了明确的标准和依据，使评估活动更加规范和科学。其次，通过制定的指标体系，可以全面了解和评估学校的教育教学工作，发现问题和不足，为后续的改进措施提供依据。最后，指标体系的建立也有助于促进学校内部各个部门之间的协作与沟通，形成共识，推动教育质量的提升。

（二）开展评估工作

学校在评估工作中组织专家对各个评估指标进行评估，这体现了评估工作的专业性和客观性。评估专家的参与不仅能够提高评估活动的专业水平和准确性，还能够为学校的教育教学工作提供客观的第三方评价。评估专家具有丰富的教育经验和专业知识，能够从多个角度全面地评估学校的教育质量。

评估过程中采用了多种方式，包括问卷调查、座谈会等，这些方法的多样性保证了数据的全面性和可靠性。问卷调查是一种常用的数据收集方式，能够快速地获取大量信息，了解师生对教育教学工作的看法和反馈。座谈会则提供了一个交流和讨论的平台，能够深入了解各方面的意见和建议，为评估工作提供更多的参考依据。

通过这些方式收集的评估数据可以全面客观地反映学校的教育质量现状，为评估结果的准确性和可信度提供了保障。评估工作的开展不仅能够为学校提供具体的评估数据，还能够促进学校内部的反思和改进，推动教育质量的持续提升。

（三）制定改进措施

根据评估结果，学校找出了存在的问题和不足之处，制定了一系列改进措施。这些改进措施具体针对评估结果中的问题，包括加强师资队伍建设、优化教学设施、改进教学方法等。这些措施的制定是有针对性的，能够有效地解决学校面临的问题，推动教育质量的提升。

加强师资队伍建设是提高教育质量的关键。学校可以通过加强教师培训、引进高水平人才、激励教师成长等方式，提高教师的教学水平和专业素养。优化教学设施也是提升教育质量的重要途径。学校可以加大对教学设施的投入，更新设备，改善教学环境，提高教学效果。此外，改进教学方法也是推动教育质量提升的有效手段。学校可以探索多种教学方法，如翻转课堂、项目式教学等，提高教学效率和学生学习兴趣。

这些改进措施的制定和实施是一个系统工程，需要学校全体师生的共同努力和配合。只有通过不断地改进和创新，学校才能够适应社会发展的需求，提高教育质量，培养更加优秀的职业人才。

三、案例启示

该案例表明，建立科学合理的评估指标体系、开展全面客观的评估工作、制定有效的改进措施是提高职业教育质量的关键。学校需要重视教育质量评估工作，不断完善评估体系，促进教育教学水平的持续提升。这个案例为其他高等职业院校提供了借鉴和参考，为其开展类似的质量评估工作提供了宝贵经验。

（一）建立科学合理的评估指标体系

该案例的启示之一在于建立科学合理的评估指标体系对于提高职业教育质

量至关重要。学校成立了评估指导小组，这个小组的成立体现了学校领导对于评估工作的高度重视。通过成立评估指导小组，学校能够集聚各方资源，组建专业团队，制定出符合实际需要的评估指标体系。这个体系的建立必须具备科学性和可操作性，以确保评估工作的有效开展。指标体系的制定需要综合考虑国家和地方相关文件要求，结合学校自身的特点和实际情况，全面反映教育教学的各个方面，包括教学质量、师资队伍、学生素质等方面，以确保评估工作的全面性和系统性。

（二）开展全面客观的评估工作

该案例的另一个启示是要开展全面客观的评估工作。学校组织专家对各个评估指标进行评估，采用了多种方式收集评估数据，包括问卷调查、座谈会等。评估工作需要专业的评估专家参与，他们具备丰富的教育经验和专业知识，能够从多个角度全面地评估学校的教育质量。评估过程中采用多种方式，保证了数据的全面性和可靠性，能够全面客观地反映学校的教育质量现状。开展全面客观的评估工作不仅能够为学校提供具体的评估数据，还能够促进学校内部的反思和改进，推动教育质量的持续提升。

（三）制定有效的改进措施

最后，该案例的启示之一是要制定有效的改进措施。根据评估结果，学校找出了存在的问题和不足之处，制定了一系列改进措施，如加强师资队伍建设、优化教学设施、改进教学方法等。这些改进措施是有针对性的，能够有效地解决学校面临的问题，推动教育质量的提升。加强师资队伍建设、优化教学设施、改进教学方法等，都是重要的改进方向，通过这些措施的实施，可以提高教师的教学水平，改善教学条件，促进教学改革，进一步提高教育质量。

以上三个方面的启示为其他高等职业院校提供了借鉴和参考，为其开展类似的质量评估工作提供了宝贵经验。通过建立科学合理的评估指标体系、开展全面客观的评估工作、制定有效的改进措施，学校能够全面提升教育教学水平，不断适应社会需求，培养更优秀的职业人才。

参考文献

[1] 刘东菊，孟志咸，黄旭升，等.技能大赛引领职教师资队伍建设的研究 [J].职教论坛，2017（20）：10-15.

[2] 杨鉴，沈军.以赛促教的高职院校"三教"改革：理念、问题与路径 [J].职教论坛，2020，36（11）：45-51.

[3] 杜德昌.教材改革：新时代职业院校高质量发展的基本保障 [J].中国职业技术教育，2019（29）：11-14.

[4] 景安磊，周海涛.推动高等职业教育高质量发展的基础、问题与趋向 [J].北京师范大学学报（社会科学版），2021（6）：50-5.

[5] 王云凤."三教"改革背景下职业院校教材建设的实践探索与策略 [J].中国职业技术教育，2020（35）：93-96.

[6] 崔陵，胡桂兰，蔡连森.省域教研助推"三教"改革的实践困境与路径选择——以浙江省中职机械类专业"教研赋能"行动为例 [J].中国职业技术教育，2022（14）：86-89+96.

[7] 张更庆，王萌.1+X 证书制度下"三教"改革：意蕴、困境与突破 [J].成人教育，2022，42（1）：80-86.

[8] 吴宝明.产教融合视野下高职院校"三教"改革 [J].教育与职业，2021（6）：51-54.

[9] 戴臻，唐俊，黄蓉.高职软件技术专业"岗课赛证"融通的教学模式创新研究 [J].教师，2022（6）：99－101.

[10] 李伟.木旋技艺下的文创产品开发策略：以广西三江侗族木构建筑元素为例 [J].建筑与设计，2021（11）：11－13.

[11] 赵安倩."任务驱动"模式与"翻转课堂"方法的教学探索：以高职《建筑设计》课程为例 [J].风景名胜，2019（4）：250.

[12] 何珊，简伟伟.基于"三阶段六步骤"操作模式的论证式教学策略 [J].教学考试，2021（9）：57－59.

[13] 吴敏朱. 任务驱动法在绿色建筑设计教学中的研究 [J]. 科幻画报，2020（11）：224.

[14] 周薇，刘芳，范文阳，等. 国家非物质文化遗产融入高职公共建筑设计课程的改革与创新：以"传统风貌民宿客房单体建筑设计"为例 [J]. 教育观察，2022（32）：59－64.

[15] 管培俊. 以人才引领发展理念建设教师队伍人才高地 [J]. 教育研究，2022，43（09）：118－129.

[16] 邓小华，黄婷婷. 教学创新团队赋能高职教师专业发展：理论逻辑与路径选择 [J]. 中国职业技术教育，2023（23）：76－83.

[17] 吕希，戴小红. 高水平国家级教师教学创新团队建设内涵与实践研究 [J]. 教育与职业，2023（17）：73－78.

[18] 付达杰，唐琳. 高职院校教师教学创新团队的构成、冲突与增值路径 [J]. 职业技术教育，2023，44（06）：26－31.

[19] 王忠昌，黄海泳. 职业教育教师教学创新团队的角色塑造、专业素养与发展路径 [J]. 职业技术教育，2023，44（06）：32－37.